Teoria e prática da educação musical

SÉRIE EDUCAÇÃO MUSICAL

Ieda Camargo de Moura | Maria Teresa Trevisan Boscardin | Bernadete Zagonel

Teoria e prática da educação musical

Rua Clara Vendramin, 58, . Mossunguê
CEP 81200-170 . Curitiba . PR . Brasil
Fone: (41) 2106-4170
www.intersaberes.com
editora@editoraintersaberes.com.br

Conselho editorial Dr. Ivo José Both (presidente); Drª Elena Godoy;
Dr. Nelson Luís Dias; Dr. Neri dos Santos; Dr. Ulf Gregor Baranow
Editora-chefe Lindsay Azambuja
Supervisora editorial Ariadne Nunes Wenger
Analista editorial Ariel Martins
Preparação de originais Dayene Correia Castilho
Capa Mayra Yoshizawa
Projeto gráfico Bruno Palma e Silva e Roberto Querido
Diagramação Roberto Querido
Revisão de texto Schirley Horácio de Gois Hartmann
Partituras Marcelo Lopes
Ilustrações André Figueiredo Müller
Iconografia Danielle Scholtz

Dados Internacionais de Catalogação na Publicação (CIP)
(Câmara Brasileira do Livro, SP, Brasil)

Moura, Ieda Camargo de
    Musicalizando crianças: teoria e prática da educação musical / Ieda Camargo de Moura, Maria Teresa Trevisan Boscardin, Bernadete Zagonel. – Curitiba: InterSaberes, 2012. – (Série Educação Musical).

    Bibliografia.
    ISBN 978-85-8212-373-7

    1. Música – Estudo e ensino 2. Música – Teoria I. Boscardin, Maria Teresa Trevisan II. Zagonel, Bernadete III. Título IV. Série.

12-09154   CDD-780.7

Índices para catálogo sistemático:
1. Educação musical 780.7
2. Música: Estudo e ensino 780.7

Foi feito o depósito legal.

Informamos que é de inteira responsabilidade das autoras a emissão de conceitos.

Nenhuma parte desta publicação poderá ser reproduzida por qualquer meio ou forma sem a prévia autorização da Editora InterSaberes.

A violação dos direitos autorais é crime estabelecido na Lei n. 9.610/1998 e punido pelo art. 184 do Código Penal.

1ª edição, 2012

sumário

apresentação, 7

introdução, 9

1 Sensibilização à música, 13

Prática 1: Exploração sonora, 14
Prática 2: Conto sonoro, 18
Prática 3: Montagem de partitura, 20
Prática 4: Improvisação, 26
Prática 5: Noções sobre timbre, 30
Prática 6: Timbre e apreciação musical, 32
Prática 7: Altura do som, 34

2 Ritmo musical, 43

Valores rítmicos, 44

Prática 1: Comprimento do som, 44
Prática 2: Noção de inteiro e metade, 49
Prática 3: Relação entre os valores rítmicos de semínima e colcheia, 54
Prática 4: Os valores ♩, ♫ e 𝄽, 57
Prática 5: Sequência na aprendizagem de outros valores rítmicos, 65

Ditado rítmico, 88

Princípios básicos, 89
Prática 1: Sequência da aplicação, 90

Atividades rítmicas complementares, 92
- Prática 1: Ecos rítmicos, 93
- Prática 2: Perguntas e respostas rítmicas, 98
- Prática 3: Rondó rítmico, 99
- Prática 4: Pulso vivo, 100
- Prática 5: Pulso surpresa, 102
- Prática 6: Jogos de leitura, 103
- Prática 7: Jogos com cartelas, 105

3 Elementos melódicos, 109

As notas musicais, 110
- Prática 1: A escala de Dó Maior, 110
- Prática 2: As notas *Sol* e *Mi*, 112
- Prática 3: A nota *Lá*, 121
- Prática 4: O Dó central, 124
- Prática 5: A escala de Dó Maior na pauta, 125
- Prática 6: A clave de Sol, 131
- Prática 7: A clave de Fá, 132

Ditado melódico, 134
- Princípios básicos, 134
- Prática 1: Sequência da aplicação, 137
- Prática 2: Alternativas de ditado melódico, 144

Atividades melódicas complementares, 149
- Prática 1: Ecos melódicos, 149
- Prática 2: Perguntas e respostas, 151
- Prática 3: Rondó melódico, 152
- Prática 4: Melodia com acompanhamento em *ostinato*, 155
- Prática 5: Cânone, 159
- Prática 6: Brincadeira do rádio, 162

palavras finais, 163
referências, 165
notas sobre as autoras, 169

apresentação

Este livro é dedicado especialmente ao professor que deseja ensinar música na escola. Lançadas a primeira edição, em 1989, e a segunda, em 1996, *Musicalizando crianças* volta, agora, revisado. Desde então, pudemos constatar que ele foi aplicado em diferentes ambientes educacionais, como na escola regular, na especializada, no ensino informal e no ensino de instrumentos musicais. Durante o período em que desenvolvemos este trabalho, pudemos verificar que aprender música pode ser fácil e interessante. Diversos depoimentos recebidos ao longo desses 20 anos vieram confirmar que essa sistematização permite levar o indivíduo a aprender música de maneira simples, agradável e bem-fundamentada.

A sequência de atividades aqui apresentada é o relato de uma experiência vivida por nós com crianças, que foi permeada de muita pesquisa, reflexão em conjunto, troca de ideias e criação. Entretanto, fatores como o tipo de clientela, as características de personalidade do professor e a filosofia educacional da escola, entre outros, podem intervir, determinando o maior ou menor êxito do trabalho.

A Lei nº 11.769, de agosto de 2008, que torna obrigatório o ensino da música na escola brasileira, exige a capacitação de um grande número de profissionais, que podem encontrar nesta obra um material apropriado para auxiliar no preparo de suas aulas de música. Nesse sentido, o livro traz fundamentos da teoria da música, brincadeiras e jogos coletivos e individuais, canções e sugestões de exercícios, tudo dentro de uma gradação de dificuldades que possibilita o aprendizado.

Para efeito de organização, dividimos o conteúdo em três capítulos. O primeiro, "Sensibilização à música", contém atividades de exploração do som e de criação musical, das quais as crianças participam de maneira intuitiva. Elas contribuem para o desenvolvimento integral do indivíduo e de sua musicalidade e, por isso, podem ser usadas tanto na educação infantil ou no ensino fundamental quanto na escola especializada em música. Assim, mesmo que o professor não possua um conhecimento de teoria musical, encontrará condições de aplicação dessa sistemática.

Nos capítulos "Ritmo musical" e "Elementos melódicos", que devem ser conduzidos simultaneamente pelo professor, descrevemos não só a sequência dos conteúdos considerados essenciais para o ensino inicial de música, como também a metodologia correspondente, ou seja, a indicação de como proceder em cada etapa.

Apresentamos, ainda, algumas atividades complementares, visando ao enriquecimento e à fixação da aprendizagem.

No entanto, serão a prática em sala de aula, o questionamento e a pesquisa constantes que darão ao professor as condições necessárias para o desenvolvimento de um ensino de música significativo.

introdução

Vinte anos depois da primeira edição deste livro, pouco mudou no panorama relacionado à bibliografia de educação musical no Brasil. Apesar de terem surgido muitas publicações sobre o ensino de música, poucas se dedicam, como esta, a ensinar o professor a ensinar. Por isso, julgamos relevante fazer uma revisão para o lançamento desta nova edição.

A sistematização do conteúdo apresentado é fruto do trabalho desenvolvido, na década de 1980, com crianças de 6 a 10 anos de idade no curso preparatório da Escola de Música e Belas Artes do Paraná (Embap). Numa frequência de 2 aulas semanais, os alunos, divididos em turmas de, no máximo, 15, tinham oportunidade de vivenciar noções gerais de música, como preparo e complementação do estudo de um instrumento musical.

Porém, essa proposta pode ser adaptada conforme os objetivos que o professor tenha em mente e de acordo com os alunos, a disponibilidade de carga horária semanal e outras tantas variáveis.

Os professores da educação infantil e do ensino fundamental, por exemplo, têm condições de aplicar, com sucesso, as atividades contidas no capítulo "Sensibilização à música". Já algumas noções apresentadas nos capítulos "Ritmo musical" e "Elementos melódicos" requerem um conhecimento mais aprofundado sobre teoria da música.

É importante que, em todo e qualquer contexto de ensino-aprendizagem na área musical, a integração dos elementos musicais seja observada. Não se concebe, nos dias atuais, a separação entre a teoria e a prática, como também não se pode desvincular o ritmo da melodia, a prática auditiva da escrita musical e a linguagem musical tradicional da contemporânea. Igualmente, cada aula deve ser estruturada de modo a conter diversos desses elementos.

A criança precisa ter a aula de música como um momento agradável e produtivo. Cabe ao professor a delicada tarefa de conseguir um clima tranquilo e, ao mesmo tempo, ativo, com a manifestação espontânea dos alunos, sem, no entanto, incorrer em indisciplina. É evidente que são totalmente condenáveis atitudes de repressão, censura e críticas indevidas, capazes de reduzir ou anular a participação e a livre expressão individual.

A disposição do professor e dos alunos em círculo, sentados preferencialmente no chão, para o desenvolvimento de grande parte das atividades gera aproximação e contribui para uma aprendizagem efetiva em atmosfera descontraída. Assim, além disso, a dispersão é minimizada, pois todos têm condições de observar tudo, e o professor pode assumir seu papel de líder de maneira natural, já que faz parte do grupo.

É preciso incentivar a participação ativa do aluno. Da mesma forma que, por meio de movimentos do corpo, a criança concretiza elementos e ideias musicais ao trazer as vivências de seu mundo, ela contribui criativamente para o enriquecimento das atividades desenvolvidas na classe.

Seguindo as ideias do conhecido educador musical Carl Orff, enfatizamos a prática da improvisação. Os instrumentos de placa por ele criados (xilofones, metalofones, entre outros) são particularmente indicados devido à facilidade de execução e de manuseio que oferecem. Com eles, formam-se pequenos conjuntos instrumentais, obtendo-se resultados musicais singulares que encantam as crianças.

Esses grupos instrumentais podem ser enriquecidos ou substituídos não só por instrumentos de percussão os mais diversos, como também pela voz falada ou cantada. O canto, além de auxiliar no incentivo e na fixação da aprendizagem, também age como um indispensável elemento de musicalização.

O cancioneiro folclórico infantil brasileiro é de grande riqueza rítmica e melódica, devendo ser largamente explorado. Nossa experiência tem mostrado que, ao contrário do que se possa imaginar, em tempos voltados à tecnologia, as crianças aceitam com entusiasmo o uso desse repertório. Ao cantar melodias pertencentes ao folclore, o indivíduo assimila e, consequentemente, também preserva expressões da cultura de seu povo.

Acreditar no potencial educativo da música é o ponto de partida para um trabalho abrangente e efetivo. Ensinar música não é só passar conteúdos aos alunos nem se restringe a uma atividade de lazer. A aula de música é também uma grande ferramenta de educação e pode se transformar em momentos importantes de comunicação e expressão de sentimentos e ideias.

Entretanto, o cumprimento da tarefa de musicalizar, desenvolvendo no aluno suas habilidades e estimulando nele o gosto pela música e a vontade de aprender compete, principalmente, ao professor.

Capítulo 1
Sensibilização à música

Os mais variados assuntos, ao serem trabalhados com crianças, devem partir de situações já conhecidas e vivenciadas por elas. A música não é exceção.

Ensinar música, hoje, é mais do que transmitir uma técnica para tocar um instrumento ou passar noções teóricas de música. É, sobretudo, levar o indivíduo a familiarizar-se com a música, por meio de um processo gradual a que podemos chamar de *sensibilização*. Mesmo os alunos principiantes devem perceber que podem fazer música desde as primeiras aulas, de maneira simples, fácil e agradável.

O processo apresentado a seguir pretende auxiliar o professor a despertar no aluno o gosto e a vontade de aprender música.

Prática 1: Exploração sonora

Quando o objetivo é fazer com que a criança perceba a diversidade de sons existentes, todos os tipos de som, principalmente aqueles que fazem parte do dia a dia, devem ser explorados. A consciência da importância do som emerge quando sugerimos à criança que imagine o mundo sem sons. Ao evocarmos fatos e situações em que a sonoridade é absolutamente necessária, observamos que, sem ela, o telefone, o despertador, a música e mesmo a fala não teriam razão de ser.

Com o intuito de despertar a criança para os sons à sua volta, devemos desenvolver atividades em que ela possa ouvir atentamente. Depois que o indivíduo adquire a capacidade de audição consciente, devemos também estimulá-lo a prestar especial atenção àqueles sons não facilmente percebidos.

Descrevemos a seguir alguns procedimentos utilizados para auxiliar nesse tipo de sensibilização.

1ª etapa: A canção do silêncio

As crianças aprendem a canção *Sssilêncio*, que age como elemento incentivador para as atividades de ouvir (perceber um som) e escutar (ter consciência do som ouvido).

Sssilêncio
(Composição das autoras)

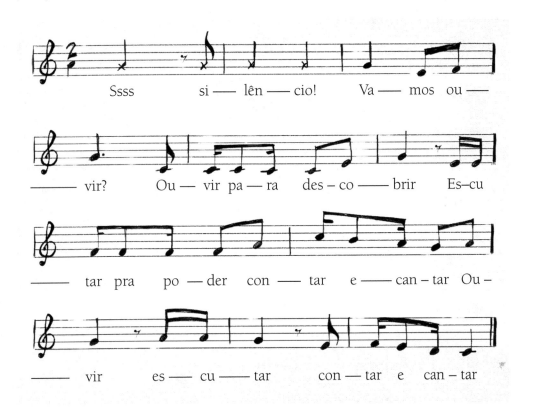

2ª etapa: Audição de sons do ambiente externo

Todos cantam a melodia aprendida e, ao terminá-la, fecham os olhos por alguns instantes – para favorecer a concentração – e escutam os sons que ocorrem fora da sala de aula, como o de pássaros cantando, o de uma porta batendo ou o de buzinas de carros. Ao sinal do professor, previamente estabelecido, reabrem os olhos e relatam o que ouviram.

3ª etapa: Audição de sons do ambiente interno

Todos cantam novamente a canção *Sssilêncio*, de olhos fechados, e concentram-se para ouvir sons ocasionais, como o de um espirro, uma tosse ou o de alguém se mexendo, e também os produzidos intencionalmente pelo professor dentro da sala de aula, como o de passos, o de um lápis caindo ou o do balançar de folhas de papel. Ao sinal do professor, reabrem os olhos e contam o que ouviram.

4ª etapa: Coleção de sons

Como tarefa, o professor sugere aos alunos que ouçam, com atenção, diversos sons em casa, na rua ou no parque, por exemplo, e, dentre estes, selecionem os menos evidentes. Exemplo: som de torneira pingando, de borracha apagando o papel, do pisar na grama. Durante a aula seguinte, os alunos relatam os sons ouvidos e os imitam vocalmente.

5ª etapa: Representação gráfica

O professor e os alunos escolhem alguns sons dentre os apresentados em aula e inventam uma representação gráfica para eles. Todos devem ter a oportunidade de colocar suas ideias no quadro. Com base nas sugestões de escrita expostas, é preciso chegar a um consenso sobre a representação que mais se aproxima do som em questão. É importante salientar que não devemos desenhar a fonte sonora, mas algo que represente o som ouvido. O zumbido da abelha, por exemplo, não deve ser traduzido pela figura da abelha, mas por algo que represente o som do zumbido.

Exemplo:

Não　　　　　　　　　　　Sim

6ª etapa: Exploração de sons

As crianças procuram, em casa, objetos capazes de produzir sons, como talheres, caixas, latas, papéis, folhas etc. (evitando os instrumentos musicais), e os levam à sala de aula. Cada uma demonstra as diversas formas de resultado sonoro obtidas pelo ato de raspar, bater, amassar, soprar, jogar ou sacudir objetos. A seguir, o restante da turma, de olhos fechados, tenta identificar a fonte sonora.

Na aula seguinte, cada criança traz objetos diversos novamente e os apresenta aos colegas. Estes tentam imaginar com que se assemelham os sons produzidos. Ao amassar continuamente uma folha de papel, por exemplo, podemos imaginar o som de fogo.

Dentro da sistemática apresentada, é possível introduzir mudanças que proporcionem diversidade de situações. O importante é que a criança explore e perceba diferentes tipos de fontes sonoras, pois, além de ser prazerosa, essa experiência a prepara para etapas posteriores.

Prática 2: Conto sonoro

O conto sonoro consiste no relato de uma história, improvisada ou não, cuja finalidade é ressaltar os elementos sonoros que a constituem. A história pode ser expressa com ou sem narração.

1ª etapa: Conto sonoro com narração

Nesta atividade, vários objetos são trazidos à sala de aula para que sejam pesquisadas as diversas possibilidades sonoras de cada um deles. O professor improvisa oralmente uma pequena história na qual esses sons possam ser incluídos. Durante a narração, os alunos atuam como sonoplastas, interferindo com o material sonoro conveniente para ilustrar o desenrolar das situações.

Acompanhe um exemplo de conto sonoro[1]:

Era um lindo domingo de sol e Joãozinho acordou com o canto dos passarinhos(*). Antes de levantar, olhou para o relógio e ficou ouvindo o seu tique-taque(*). De repente, os sinos da igreja começaram a tocar(*) e Joãozinho saiu rapidamente da cama(*). Depois de escovar os dentes(*) e se vestir(*), foi para a cozinha tomar café(*). Em seguida, caminhou(*) até a oficina do papai, que terminava de construir um caminhãozinho de madeira para ele. Ficou muito alegre em poder ajudá-lo. Começou, então, a martelar(*), serrar(*) e lixar(*). O brinquedo já estava quase pronto quando papai chegou com uma surpresa: uma buzina. Cuidadosamente ela foi instalada, Joãozinho se pôs a buzinar(*) e a imaginar o quanto seus amigos iriam gostar da novidade!

[1] O sinal (*) indica que, neste momento, os alunos devem produzir os sons que ilustram a história.

A experiência deve ser repetida, pois as crianças, tendo compreendido o mecanismo da atividade, certamente participarão de maneira mais espontânea e criativa. Para isso, o professor, além de improvisar novas histórias, deve incentivar os alunos a inventá-las também.

2ª etapa: Conto sonoro sem narração

Um grupo de crianças, escondidas atrás de um pano, monta e executa uma história somente com sons (vozes, sons de boca, instrumentos musicais, objetos diversos). Depois da execução, os ouvintes relatam o que imaginaram durante a audição e, em seguida, o grupo expõe sua versão.

Nem sempre há coincidência entre a intenção dos apresentadores e as interpretações dos ouvintes, o que não é um problema, pois a expressão musical é subjetiva, apenas sugerindo situações, sem traduzir com exatidão alguma ideia.

Prática 3: Montagem de partitura

Uma vez que as crianças já inventaram símbolos escritos para representar sons e já produziram histórias sem utilizar narração, é possível integrar essas duas atividades montando uma partitura que relate uma história previamente escolhida.

1ª etapa: Representação gráfica

Enquanto recorda uma história escolhida pela turma, o professor propõe que se imitem sons e se inventem representações gráficas para algumas passagens. Todos devem ter oportunidade de expressar suas ideias, discutindo-as até chegarem a uma forma de representação julgada a mais adequada para cada caso.

Trabalhando a história *Os três porquinhos* com crianças de 6 anos, obtivemos, nos principais trechos, os seguintes sons e grafias:

- **Construção da casa de palha**
    Som: chiados irregulares.
    Representação gráfica:

- **Construção da casa de madeira**

    Som: batidas de mãos ou pés no chão, imitando marteladas ("toque-toque").

    Representação gráfica:

    Observação: quanto mais espesso for o traço, mais forte é o som que lhe corresponde.

- **Construção da casa de tijolos**

    Som: chiado curto seguido do fonema *p* (mudo), imitando o cimento sendo jogado sobre os tijolos (*ch* – *p*).

    Representação gráfica:

- **Sopros do lobo na casa de palha**

    Som: da consoante *f*, contínuo e de intensidade moderada; começa fraco, intensifica-se um pouco e volta a tornar-se fraco.

    Representação gráfica:

    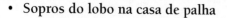

- **Sopros do lobo na casa de madeira**

    Som: de novo o da consoante *f*, porém com maior intensidade.

    Representação gráfica:

    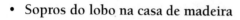

- **Sopros do lobo na casa de tijolos**

    Som: novamente o da consoante *f*, agora com intensidade maior ainda.

    Representação gráfica:

    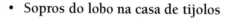

- **Destruição da casa de palha**

    Som: chiados descontínuos e irregulares.

    Representação gráfica:

    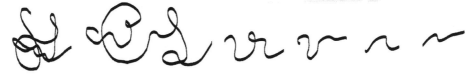

- **Destruição da casa de madeira**

    Som: sapateado.

    Representação gráfica:

- **Tombo do lobo** (caindo, pela chaminé, dentro de um caldeirão de água fervente)

    Som: o da vogal *u*, deslizando do agudo para o grave, seguido de "chuá" sussurrado e terminando com forte grito.

    Representação gráfica:

2ª etapa: Produção da partitura

A disposição dos elementos gráficos em sequência, conforme o desenrolar da história, resultou na seguinte partitura:

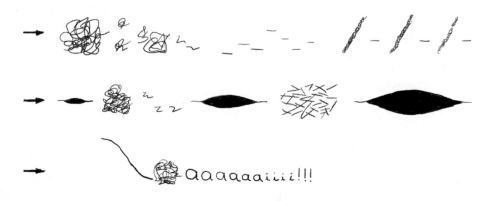

3ª etapa: Leitura e execução da partitura

A partitura, escrita no quadro, possibilita que, durante a execução, todos possam acompanhar os movimentos do professor, o qual deve apontar, da esquerda para a direita, a sequência dos sinais. Podemos adotar como critério que:

- os espaços em branco signifiquem silêncio;
- os traços colocados ao alto correspondam aos sons agudos e os colocados embaixo, aos graves;
  - os desenhos espessos soem mais forte e os finos, mais fraco.

Sempre que possível, devemos gravar a execução para depois ouvi-la porque, além de agradarmos a criança, incentivamos a crítica e conduzimos a um maior aprimoramento.

Como treinamento de leitura, o professor pede aos alunos que reconheçam visualmente determinados trechos da partitura, como a grafia representativa do momento em que o lobo sopra a casa de tijolos.

Para enriquecer a atividade, sugerimos que, ao mesmo tempo que um grupo de crianças faz a parte sonora, o restante represente a partitura com gestos que correspondam à intenção musical proposta. Alguns, por exemplo, dramatizam a construção da casa de palha, outros, a de madeira etc. A sequência da partitura deve ser obedecida, mas a duração de cada parte (cena) é flexível, podendo ser repetida diversas vezes.

É recomendável que a partitura seja copiada pelos alunos, para auxiliar o desenvolvimento da atenção e do processo da escrita.

É interessante mostrar a eles outras partituras de escrita tradicional e contemporânea, para que, comparando-as, valorizem o seu próprio trabalho e compreendam melhor a importância do registro escrito dos sons, evitando-se, ainda, que tenham uma visão restrita a respeito da notação musical.

Prática 4: Improvisação

O conhecimento de diversas partituras e a descoberta e experimentação de extensa gama de sons podem suscitar na criança o desejo de fazer e escrever sua própria música, desvinculada de textos ou enredos. Para que isso ocorra dentro de uma concepção mais ampla da linguagem musical, o professor inicia uma discussão sobre o que se entende por música. É importante não usar com os alunos conceitos estereotipados ou obsoletos, como o de que "música é a combinação de sons agradáveis", entre tantos outros, limitados e ultrapassados. O professor deve ter em mente que, de modo geral, a criança é receptiva e tem um conceito de música mais próximo ao das atuais concepções estéticas. A música contemporânea lança mão de todo tipo de material sonoro, como ruídos, sons com altura determinada, sons mistos, produzidos natural ou artificialmente (por meio de aparelhos eletrônicos, por exemplo), e também utiliza o silêncio como elemento expressivo.

Depois que a criança explorou, descobriu e utilizou diversos tipos de som indiscriminadamente, iniciamos uma nova fase de criação musical, na qual o mais importante é a expressão e a estruturação sonora da ideia musical. Para melhor entendimento desse contexto, explicamos a seguir uma alternativa de trabalho.

1ª etapa: Seleção do material sonoro

Primeiro, os alunos percorrem o ambiente em busca de sons, como os de ranger de portas, arrastar cadeiras, rasgar papéis, amassar plásticos, fazer o vai e vem de um cursor de zíper etc.

Em seguida, cada aluno apresenta os sons encontrados e, depois, todos escolhem três dentre os mais apreciados.

Ao final, participam da elaboração de uma representação gráfica que traduza o mais fielmente possível os sons escolhidos.

2ª etapa: Representação gráfica dos sons

Como resultado desta atividade, desenvolvida em sala de aula com crianças de 7 anos de idade, obtivemos a seguinte representação gráfica:

- **Porta de madeira rangendo**

- **Pequenos pedaços de madeira caindo no chão**

- **Uma cadeira colocada com força no chão e em seguida arrastada**

A classe toda, sob orientação do professor, auxilia na organização da partitura. Todos discutem e experimentam maneiras de dispor os elementos sonoros, de forma a obterem equilíbrio, unidade e expressividade. Para que os alunos se familiarizem com esse tipo de trabalho, é importante que ele seja feito frequentemente e com vários outros objetos sonoros.

No início, deve ser evitada a superposição de elementos na partitura porque isso dificulta a leitura. No entanto, com o decorrer dessa prática, os alunos vão adquirindo habilidade para escrever, ler e executar dois ou mais elementos dispostos simultaneamente, como na partitura apresentada a seguir:

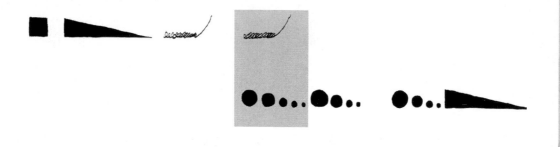

5ª etapa: Execução

Para executar a partitura, sob a regência do professor, cada elemento sonoro deve ser interpretado por um grupo de crianças. Primeiramente, o professor organiza os objetos sonoros e o espaço de modo que todos consigam fazer a execução da partitura.

No caso da partitura aqui apresentada, iniciamos com a batida da cadeira no chão, a qual é, em seguida, arrastada. Damos continuidade com o ranger de porta e, depois, com um breve silêncio que é interrompido por um novo som de ranger de porta e pelo som de queda de pedaços de madeira no chão, produzidos simultaneamente. Este último som é executado novamente e segue-se um breve silêncio. Derrubamos novamente os pedacinhos de madeira e, na sequência, arrastamos a cadeira sobre o chão.

Desde que seja possível, aconselhamos gravar a peça toda para que se tenha ideia do resultado final da improvisação, de modo que, se necessário, possam ser feitas modificações.

A pesquisa sonora, conforme as orientações descritas, tem se revelado extremamente agradável à criança e, ao mesmo tempo, contribui para o desenvolvimento da acuidade auditiva. Para conseguir inventar uma grafia representativa de determinado som, por exemplo, a criança necessita perceber todas as suas nuances (timbre, intensidade, altura etc.), o que exige alto grau de concentração.

Prática 5: Noções sobre timbre

Na prática anterior, a criança explorou diversas fontes sonoras e descobriu a possibilidade de utilizar sons de forma criativa. Agora, ela pode trabalhar mais especificamente com timbre.

A identificação da voz dos colegas, dos sons característicos de objetos existentes na sala de aula ou de instrumentos musicais compõe as atividades com essa nova finalidade. A criança aprende pela vivência o que é a qualidade do som denominada *timbre*, sendo-lhe possível diferenciar pela audição um instrumento musical de outro ou a voz de uma pessoa da voz de outra.

1ª etapa: Jogos com vozes

O reconhecimento da voz dos colegas em situação de jogo, ao mesmo tempo que diverte, conscientiza a criança das diferenças de timbre.

Nesta brincadeira, uma criança, de olhos vendados, adivinha quem foi o escolhido para falar. Acertando, assume o papel do outro, e assim por diante.

O mesmo jogo pode ser repetido para que as crianças identifiquem suas vozes cantadas ou gravadas, pois nesses casos o timbre sofre modificações.

2ª etapa: Jogos com instrumentos de percussão

Antes de iniciar atividades de distinção ou reconhecimento de timbres de instrumentos musicais, é preciso que a criança esteja familiarizada com os sons desses instrumentos e seus respectivos nomes. Para isso, ela deve ter contato direto com eles, manipulando-os livre e atentamente.

Veja alguns exemplos de jogos que podem ser realizados com esse fim:

- **Jogo dos sons atrás do pano** – O professor ou um aluno se coloca atrás de um pano, de forma que o restante da classe não veja sua ação. Toca dois, três ou quatro instrumentos diferentes, com breve intervalo de silêncio entre eles, para que sejam reconhecidos pelos alunos. Depois, o professor pergunta a ordem em que foram tocados. A sequência apresentada também deve ser repetida à vista de todos, para eliminar eventuais dúvidas.

- **Jogo da banda faz de conta** – Essa brincadeira tem por objetivo treinar a identificação de timbres e a direção do som. Um dos alunos sai da sala para não participar da organização do jogo, e os outros sentam-se no chão, em fileiras, como em uma banda. Todos fingem tocar um mesmo instrumento atrás de si (guizo, chocalho, coco, reco-reco), mas só um deles estará tocando de verdade, com todo o cuidado para que o instrumento não seja visto. Quando o colega ausente retorna, deve descobrir o instrumento que está sendo tocado (identificação de timbre) e quem o toca (direção do som).

Prática 6: Timbre e apreciação musical

Para auxiliar o desenvolvimento da percepção auditiva da criança, sobretudo quanto ao reconhecimento de timbres, usamos a obra musical de Serguei Prokofiev intitulada *Pedro e o Lobo*[2], por ser bastante adequada à apresentação de alguns instrumentos de orquestra[3]. Trata-se de uma história narrada na qual cada personagem é representado por determinado tema musical, executado por um instrumento ou um grupo de instrumentos.

Essa composição infantil russa traz a história de Pedro, um menino levado que mora com seu avô na floresta e que, contando com a ajuda dos seus amigos Pato, Passarinho e Gato, consegue prender o Lobo. Ao final, quando ouve os tiros dos caçadores, Pedro os convence a levar o Lobo para o zoológico.

Como preparação dessa atividade, os alunos reproduzem os movimentos característicos de cada personagem da história. Depois, o professor faz com eles um jogo de adivinhação: uma criança representa determinado personagem para que as outras adivinhem qual é.

[2] PROKOFIEV, S. **Roberto Carlos narra "Pedro e o Lobo"**, Op. 67. New York Philharmonic. Nova York: CBS, 1970. 1 disco.

[3] Uma descrição detalhada dessa obra musical pode ser encontrada no livro: ZAGONEL, Bernadete. **Pausa para ouvir música**. Curitiba: Instituto Memória, 2009.

Em seguida, o professor dá início aos procedimentos usualmente adotados no desenrolar da atividade musical propriamente dita:

- Antes de iniciar a audição da música, o professor conta a história.
- A classe ouve o tema musical de cada personagem, prestando atenção aos instrumentos com que é executado.
- Os alunos fazem exercícios de fixação dos temas, relacionado-os com os respectivos instrumentos e personagens: ouvem cada tema em separado, repetindo-os por meio do canto, e simulando os gestos de cada instrumentista. É recomendável que as crianças também possam ver os instrumentos da história, mesmo que seja em fotos ou gravuras.
- Os temas são tocados fora de ordem para que os alunos os identifiquem.
- São definidos os personagens e quem vai representá-los, situando-se na sala de aula os locais principais da história, como a casa do vovô, as árvores, o lago etc.
- Os alunos dramatizam a história, sem palavras, ao mesmo tempo que ouvem a música.

Prática 7: Altura do som

A nossa experiência tem mostrado que é mais fácil para a criança perceber o movimento do som ao "deslizar" do grave para o agudo e vice-versa (glissando[4]) do que identificar a altura fixa de um som em determinada região (grave-média-aguda).

Não adotamos o tradicional hábito de vincular vozes humanas ou de animais e mesmo sons de objetos quaisquer às regiões de altura do som, para evitar o risco de associações falsas. O elefante, por exemplo, produz um som que frequentemente é apontado como grave, mas que, na realidade, é uma voz extremamente aguda. Da mesma forma, nem sempre podemos afirmar que determinado som, quando ouvido isoladamente, seja grave, médio ou agudo. A melhor maneira de classificar um som quanto à sua altura é compará-lo a outro. O latido de um cão pode ser grave ou agudo, dependendo do som utilizado como parâmetro.

Sabemos que, na realidade física, o som não tem as propriedades de subir ou descer, uma vez que é a frequência das ondas sonoras que determina sua altura. Entretanto, esses conceitos são muito complexos para o entendimento da criança e não contribuem para o desenvolvimento da percepção auditiva. Assim, adotamos a analogia usual que relaciona a passagem do som grave para o agudo com o ato de subir e a do agudo para o grave com o de descer. Aliás, a escrita musical tradicional utiliza esse mesmo princípio, ou seja, na pauta, um som mais grave vem escrito abaixo de um agudo.

---

[4] Glissando: "vem da palavra francesa *glisser*, que significa deslizar. Em música, trata-se de um efeito em que são tocadas várias notas em sequência de maneira muito rápida, 'deslizando' sobre elas." (Zagonel, 2009, p. 154).

Para exercitar a percepção de altura, propomos a utilização de movimentos corporais, que concretizam esses conceitos e auxiliam na aprendizagem da notação gráfica, conforme observado nas atividades a seguir.

1ª etapa: Atividade inicial

O professor conversa com os alunos a respeito dos movimentos de um avião, desde a decolagem até a aterrissagem. As crianças descobrem que, quando o avião inicia a decolagem, ainda no chão, seu som é mais grave e, ao subir, vai deslizando para o agudo. No ar, podem ocorrer oscilações sonoras de acordo com as turbulências sofridas. Ao aterrissar, acontece o inverso do observado na decolagem.

Na sequência, os alunos simulam, com os braços, o trajeto do avião conforme o som emitido pelo professor. Depois, usam o corpo todo, ou seja, deitam-se de bruços no chão, com os braços estendidos, imitando as asas do avião. De acordo com os sons ouvidos, andam pela sala, levantando-se ou abaixando-se, imitando o voo do avião.

2ª etapa: Caminho do som

Como preparação para a grafia e a fixação do movimento sonoro (ascendente e descendente), trabalhamos agora usando somente os braços, com base na canção a seguir, composta de maneira a sugerir movimentos de subida e descida do som, associados a linhas sinuosas que lembram a forma de um escorregador. Então, primeiramente, todos aprendem a cantar *Caminho do som*, apresentada a seguir.

Caminho do som
(Composição das autoras)

To – do mun–do que –ren–do su — bir Pra de — pois pra de–pois es – cor – re –gar
Ou – ça bem o ca – mi – nho do som Que a — go — ra vo – cê po–dei –mi – tar

As linhas ao final da canção indicam os glissandos, do grave para o agudo e vice-versa, que podem ser produzidos com a emissão da vogal *u* e acompanhados de movimentos de braço de acordo com o movimento sonoro, para facilitar a aprendizagem.

Compreendida a relação do movimento corporal com o "caminho do som", os alunos fazem a seguinte atividade:

- Sentados em círculo, de olhos fechados, todos fazem o movimento do braço indo de baixo para cima ao ouvir o som "caminhando" para o agudo, cantado pelo professor.
  - Se o som permanecer na mesma altura, o braço deve fazer um movimento na horizontal; quando o som for para o grave, o braço deve descer.
  - É conveniente repetir o exercício de olhos abertos, junto com o professor, para que todos se certifiquem de que estão percebendo o som corretamente.
- Para maior fixação, o exercício é feito com algumas variações. Por exemplo:
  - O professor faz os gestos de subida e descida e os alunos emitem o som correspondente.
  - Um grupo de alunos faz com os braços no ar um "caminho do som" previamente escolhido, e os outros fazem a parte sonora.

3ª etapa: Notação gráfica

O "caminho do som" ganha o mesmo tipo de grafia anteriormente trabalhado. Observe que a escrita dos diversos tipos de som foi, até então, livremente criada pelos alunos, mas, neste caso, já adotamos uma representação gráfica específica, não prontamente apresentada aos alunos, mas descoberta por eles. Não é um processo difícil, pois os movimentos de braço já exercitados e a canção aprendida sugerem a maneira de escrever, ou seja, com linhas sinuosas que sobem ou descem, partindo da esquerda para a direita, como na língua escrita.

Exemplos:

Som "caminhando" do grave para o agudo

Som "caminhando" do agudo para o grave

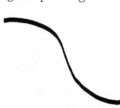

Para facilitar o aprendizado dessa notação, procedemos conforme descrito a seguir:

- **Leitura** – Descoberta a maneira de escrever o movimento sonoro, a classe pratica a leitura, em conjunto, de gráficos do "caminho do som", tais como:

Para que todos leiam ao mesmo tempo, o professor aponta, com o dedo, o gráfico no quadro. Quando o desenho inicia embaixo, o som começa no grave e, quando inicia em cima, o som é agudo. Os espaços em branco contidos num mesmo desenho significam silêncio e não interrupção, sendo que o professor indica contínua e lentamente tanto as linhas como os espaços em branco. Veja algumas atividades que facilitam o aprendizado da notação gráfica:

- **Reconhecimento e cópia** – Vários gráficos numerados são colocados no quadro; o professor canta um deles, e os alunos o reconhecem e o repetem para depois copiá-lo no papel.
- **Ditado** – O professor canta alguns gráficos de movimento sonoro para os alunos escreverem. Logo depois, fazem a correção no quadro.
  - **Improvisação** – Um aluno inventa um ou mais gráficos representando movimentos sonoros para serem reproduzidos vocalmente pelos outros; entre os esquemas apresentados, a turma escolhe alguns para elaborar uma composição coletiva no quadro. Para enriquecer a composição, é possível empregar efeitos de dinâmica, usando traços mais espessos para os fortes e mais finos para os fracos.

Como resultado de um trabalho feito com crianças de 6 e 7 anos, obtivemos o seguinte:

Gráficos escolhidos

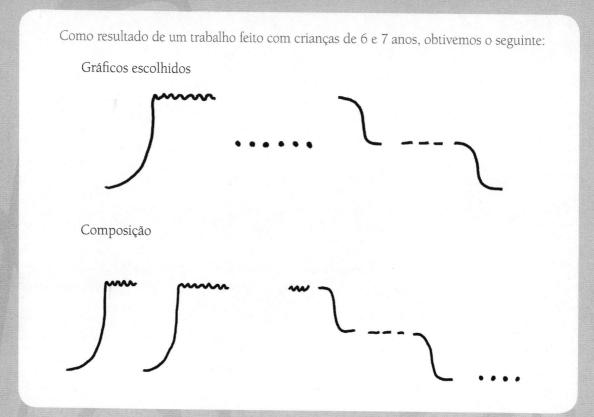

Composição

4ª etapa: Movimento sonoro e notas na pauta

Partindo dos gráficos representativos do movimento sonoro (subir-descer), o professor estabelece a relação com a escrita, em sequência, das notas na pauta. Não existe, neste momento, a intenção de ensinar as notas musicais, seus nomes e a localização na pauta, mas fazer com que os alunos percebam a correspondência entre a escrita tradicional e a progressão sonora (ascendente e descendente), dispensando-se, inclusive, a colocação de claves.

Para facilitar a pretendida associação, sugerimos o seguinte exercício:

- O professor escreve no quadro várias sequências de notas nas pautas, com gráficos correspondentes, porém não ordenados.
- Em seguida, canta ou toca todas as sequências de notas, uma após a outra.
  - Por fim, canta uma sequência por vez, para que os alunos identifiquem o gráfico correspondente.

Na construção desses gráficos, usamos linhas retas, para que se assemelhem mais ao desenho das notas na pauta.

Exemplo:

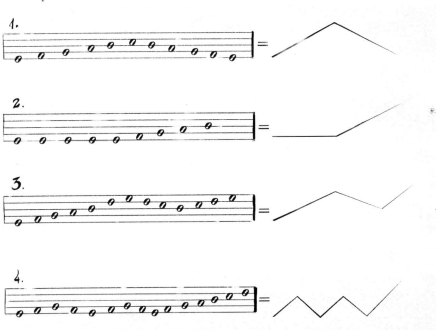

Capítulo 2
Ritmo musical

Ao mesmo tempo que inicia a parte rítmica, o professor deve começar o trabalho melódico, descrito a partir do Capítulo 3 – "Elementos melódicos". É essencial que esses conteúdos sejam contemplados conjuntamente, considerando-se que a música é um todo.

O aspecto rítmico é inerente ao ser humano, estando ligado à sua parte fisiológica e ao movimento. A manifestação do ritmo na criança acontece intuitiva e espontaneamente. É preciso, porém, conscientizá-la da existência do ritmo como elemento musical básico, o que deve acontecer com a vivência.

Não iniciamos o trabalho rítmico a partir da apresentação de conceitos teóricos, o que impossibilitaria a verdadeira compreensão do assunto. Ao contrário, é importante "sentir" o ritmo musical, de modo que a passagem do nível intuitivo ao consciente desse aprendizado se faça de maneira natural e consistente.

Valores rítmicos

Prática 1: Comprimento do som

Antes de iniciar o trabalho com os valores rítmicos, o professor introduz o conteúdo com a abordagem do comprimento do som (sons longos e curtos). Primeiramente, os alunos descobrem diversos tipos de som, contínuos (sem interrupção) e descontínuos (com interrupções regulares ou irregulares). Cada um deles é escrito com linhas longas ou curtas.

Por exemplo:

- Para representar o som contínuo de uma buzina de carro, usamos uma linha horizontal:
  _____

- Com linhas horizontais interrompidas, representamos o som de uma torneira pingando:
  — — — — — — — — — — — — — — — — — —

- Para sons de interrupção irregular, como o de pipocas estourando, usamos a representação:
  — — — - — — — — — — — — — — — — — — —

Muitos outros sons e suas representações podem ser pesquisados. Apresentamos a seguir algumas sugestões.

- **Sons contínuos:**
    - apito de navio;
    - buzina disparada;
    - alguns tipos de campainha.

- **Sons curtos, de interrupção regular:**
    - despertador digital;
    - metrônomo;
    - pêndulo de relógio;
    - sinal de ocupado do telefone;
    - sinal de chamada do telefone;
- **Sons curtos, de interrupção irregular:**
    - fogos de artifício;
    - motor em pane;
    - latido de cachorro.

1ª etapa: Incentivação

A criação de uma história que envolva alguns elementos sonoros já conhecidos, enriquecida por uma canção, serve de incentivo para o trabalho com o comprimento do som.

Como exemplo, segue a história da canção *O galo quebrou o bico*, que se passa em uma fazenda, ao amanhecer.

Era uma vez um galo que morava em uma fazenda. Logo de manhã os passarinhos cantavam para saudar o sol. O latido do cachorro despertava o gato, que miava ao espreguiçar-se. Joãozinho costumava acordar quando o boi mugia e logo pulava da cama. Vestia-se rapidamente e ia correndo brincar. Certa vez, ao chegar lá fora, viu o galo todo encolhido, sem poder cantar.

— O que aconteceu com o galo? – pensou Joãozinho.

A resposta lhe veio em seguida, nas palavras de uma canção:

O galo quebrou o bico[1]

(Folclore brasileiro)

[1] Esta é uma canção que se caracteriza como acumulativa, ou seja, a cada estrofe, novos versos vão sendo agregados aos demais, repetindo-se, quantas vezes forem necessárias, a melodia do sexto compasso antes do final de cada estrofe.

O galo quebrou uma asa
O galo não pode voar.
O galo quebrou o bico,
quebrou uma asa e não pode voar.

O galo quebrou outra asa,
O galo não pode voar,
O galo quebrou o bico,
quebrou uma asa, quebrou outra asa
e não pode voar.

O galo quebrou uma perna
O galo não pode andar etc.

O galo quebrou outra perna
O galo não pode andar etc.

O galo quebrou a crista
O galo não pode "cristar"...

Diante dessa situação, decidiu-se chamar o pronto-socorro para atender o galo. Mas o telefone mal dava sinal para ligar (*)² e ficou mudo. Longo silêncio (*). De repente, voltou o mesmo som, mas, infelizmente, ouviu-se o sinal de ocupado (*). Nova tentativa, e o telefone, enfim, deu sinal de chamada (*). Em poucos instantes, chegou o veterinário e atendeu seu cliente com muito carinho. Depois do tratamento, o galo ficou completamente curado.

2ª etapa: Escrita dos sons

Os sons ouvidos ao telefone são reproduzidos com traços, conforme o que se passa na história.

Sinal para chamar e silêncio ——————————   ——————————
                               (1ª tentativa)   (silêncio)   (2ª tentativa)

Sinal de ocupado   ....

Sinal de chamada   — — — — — — — — — —

Essa grafia deve surgir como consequência do trabalho conjunto entre professor e alunos. As crianças copiam os esquemas gráficos no papel e seguem com o dedo o comprimento das linhas (som) e dos espaços em branco (silêncios), enquanto imitam vocalmente os sons de telefone já representados. Assim, acabado o traço, cessa também o som.

3ª etapa: Reconhecimento e leitura de esquemas

A partir dessa experiência, o professor organiza outras sequências de sons longos e curtos e de silêncios para atividades de reconhecimento e leitura, usando a técnica anteriormente recomendada.

² Nos sinais (*), o professor deve imitar juntamente com os alunos os diferentes sons do telefone.

Exemplos:

1. ▬▬▬▬▬▬▬ ▬▬ ▬▬ ▬▬
2. ▬▬▬▬ ▬ ▬ ▬▬▬ ▬▬
3. ▬ ▬ ▬ ▬ ▬▬ ▬▬ ▬▬   ▬▬   ▬ ▬

4ª etapa: Criação de esquemas

Os alunos inventam esquemas contendo os elementos trabalhados, ou seja, sons longos, curtos e silêncios.

Prática 2: Noção de inteiro e metade[3]

Assimiladas as noções de comprimento do som e sua respectiva grafia, iniciamos uma nova etapa, tendo por objetivo a apreensão da relação inteiro-metade, que antecede a aprendizagem dos valores de semínima (♩) e colcheias (♫), os primeiros a serem aprendidos.

1ª etapa: Movimentos naturais

A relação inteiro-metade é mais bem compreendida quando vivenciada pelo corpo. Para começar, o aluno anda conforme batidas regulares (de tambor ou palmas) dadas pelo professor, alternando os valores de semínima e colcheias. Os pés devem acompanhar as batidas, isto é, para cada batida deve ser executada uma pisada no chão.

É importante que o "andamento" escolhido seja mantido durante todo o exercício e que a relação inteiro-metade seja absolutamente precisa.

A apreensão dessa proporção é fundamental para o desenvolvimento de um trabalho rítmico eficaz, pois, uma vez assimilada (a partir da semínima e das colcheias), outras relações entre os demais valores são facilmente compreendidas.

---

[3] No momento em que essa prática para a compreensão das noções de inteiro e metade é realizada, devemos iniciar a preparação das notas *Sol* e *Mi*, descrita no início do Capítulo 3 – "Elementos melódicos".

2ª etapa: Pulsação e ritmo real

A marcação do pulso de uma música surge naturalmente. É comum ver pessoas movimentando a ponta dos pés, a cabeça, o corpo ou batendo palmas ao ouvir uma melodia.

Sendo a pulsação o elemento regulador do ritmo, é imprescindível interiorizar a noção de pulso.

Para facilitar o entendimento do aluno, fazemos uma analogia entre a pulsação da música e a humana. Colocando os dedos em seu próprio punho, a mão no pescoço ou sobre o coração, a criança percebe a regularidade e a constância das batidas. O professor pode mostrar que, apesar de haver variação de velocidade quando nos movimentamos, o pulso mantém sua regularidade.

A partir dessa experiência, o professor diz às crianças que a música também tem um "coraçãozinho", que se expressa por meio da pulsação ou do pulso.

Não tão naturais como a marcação do pulso, mas igualmente importantes, são a percepção e a reprodução do ritmo de uma melodia. Este é constituído pela distribuição das diversas durações dos valores, diferindo da pulsação, que é constante e regular.

E atenção: em vez de decorar definições teóricas, a criança precisa praticar essas duas noções. A canção a seguir serve para ilustrar e facilitar o entendimento da diferença entre pulso e ritmo.

Tum tum tum
(Composição das autoras)

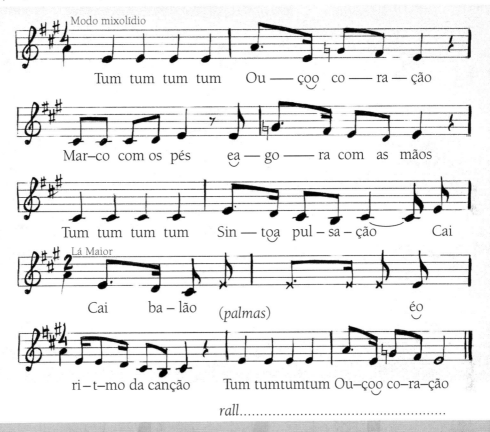

Durante o processo de musicalização, usamos a semínima como unidade de pulsação. Segundo Martenot (1979), o "tempo" natural da criança é mais rápido que o do adulto, aproximando-se da marcação de metrônomo semínima = 100, razão pela qual iniciamos o ensino do ritmo com a semínima e sua subdivisão, a colcheia.

3ª etapa: Jogos com semínimas e colcheias

Para iniciar o processo, novamente usamos uma história cujos personagens são Mamãe Pata com seus filhotes: a pata representando o valor das semínimas e os patinhos, o das colcheias.

O professor conta que os patinhos brincavam na grama quando foram chamados pela Mamãe Pata para um mergulho na lagoa.

Todos cantam a seguinte canção[4]:

Mamãe Pata
(Composição das autoras)

Quá quá quá quá Ma–mãe Pa–ta es— tá cha–man–do
Quá quá quá quá Va–mos to– dos pra la – go – a

O professor prossegue com uma série de atividades, conforme as sugestões a seguir:

- Enquanto cantam, todos batem palmas de acordo com o ritmo da melodia.
- A turma é dividida em dois grupos, sendo que:

[4] Esta canção, assim como outras que se seguem, é intencionalmente muito simples para que as crianças possam escrevê-la no momento oportuno.

- Um grupo canta e "anda" os versos referentes à personagem Mamãe Pata:

quá   quá   quá   quá

- O outro canta e anda representando os patinhos:

Ma-mãe Pa-taes -tá cha-man-do

- O professor bate semínimas ou colcheias por alguns instantes e os alunos dizem se as batidas são da Mamãe Pata (semínima) ou de seus filhotes (colcheias).
  - Os alunos são novamente divididos em dois grupos, e cada um deve "andar" a parte que lhe cabe. Assim, o grupo da Mamãe Pata anda em semínimas somente durante o tempo em que elas são percutidas, enquanto o dos patinhos anda quando ouve colcheias. Se semínimas e colcheias forem batidas simultaneamente, todos se locomovem.

Diversos jogos podem ser criados com esses elementos, até que a criança demonstre ter alcançado os objetivos propostos.

Esses exercícios são feitos de maneira intuitiva pela criança, pois, nesse estágio, ela ainda não sabe que está aprendendo os valores de semínima e colcheia.

Somente depois de vencida essa etapa de interiorização e prática dos valores de semínima e colcheia é que o aluno tem condições de iniciar o aprendizado da escrita dos ritmos.

Prática 3: Relação entre os valores rítmicos de semínima e colcheia

Da mesma forma que o comprimento do som foi representado com traços horizontais longos ou curtos, escrevemos agora pequenos esquemas rítmicos com tamanhos determinados. Os traços longos, para as semínimas, podem ter aproximadamente 1 cm, e os curtos, para as colcheias, a metade daqueles.

Nesta etapa, as colcheias aparecem sempre aos pares para, juntas, serem equivalentes ao valor da semínima. O uso de traços para representar valores rítmicos serve para concretizar, inclusive visualmente, a relação inteiro-metade. Dessa forma, a criança, além de ouvir, enxerga o comprimento diferente de cada valor.

Nas etapas anteriores, a criança vivenciou, pela prática de exercícios corporais e de audição, a relação entre o comprimento da semínima e o da colcheia. Ela ouviu, bateu palmas, distinguiu e reconheceu essas figuras rítmicas e iniciou a escrita por meio de simples traços longos e curtos. A partir de agora, ela deve estar pronta para o aprendizado da escrita formal desses dois valores rítmicos.

1ª etapa: Escrita do ritmo de uma canção[5]

Como atividade inicial, as crianças falam as palavras de cada verso da canção *Mamãe Pata* dentro de um pulso estabelecido. Ao mesmo tempo que falam, fazem os traços, da esquerda para a direita, relativos ao comprimento das semínimas ou das colcheias, conforme já aprendido anteriormente.

Exemplos:

Quá quá quá quá	— — — —
Mamãe Pata está chamando	- - - - - - - -
Quá quá quá quá	— — — —
Vamos todos pra lagoa	- - - - - - - -

2ª etapa: Leitura

Os alunos leem os esquemas rítmicos com os dois elementos aprendidos, dentro de uma pulsação que pode ser marcada com estalos de dedos pelo professor.

Exemplos:

1. — — — —   Ritmo
   | | | | Pulsos
2. - - - - — —   Ritmo
   | | | | Pulsos

Esses esquemas são lidos dizendo-se *ta – ta – ta* ou com palmas, instrumentos de percussão, passos etc.

---

[5] Nesta fase, o professor deve estar trabalhando, simultaneamente, com as notas *Sol* e *Mi*, conforme descrito no Capítulo 3. Assim, os alunos, auxiliados pelo professor, escrevem o ritmo e também as notas da canção *Mamãe Pata*.

3ª etapa: Reconhecimento

Dentre vários esquemas escritos e numerados no quadro, o professor lê um (batendo ou falando) para ser reconhecido e, em seguida, repetido pelos alunos.

Exemplos:

1. — — — — — —
2. - - — — —
3. — — — - - —

4ª etapa: Ditado

Utilizando a voz ou um apito, o professor dita alguns esquemas rítmicos. Primeiramente, os alunos ouvem o esquema por inteiro, sem escrevê-lo. Depois, o professor o repete e os alunos, ao mesmo tempo que ouvem, escrevem os traços. Cada esquema deve ser corrigido imediatamente após a sua conclusão, para que não fiquem dúvidas.

Exemplos:

1. — — — - - —
2. - - - - — —
3. — — — — - -

Prática 4: Os valores semínima (♩), colcheias (♫) e pausa de semínima (𝄽)

Dando prosseguimento ao trabalho de percepção do comprimento dos sons, entramos em uma fase intermediária, antes de adotarmos os nomes reais dos valores rítmicos, propondo o uso de apelidos.

Estes auxiliam a execução dos valores com maior exatidão e facilitam a manutenção do pulso. Na sequência, porém, é importante que a criança aprenda e empregue igualmente os nomes reais das figuras. À medida que ela interioriza e domina as noções rítmicas, o uso desses apelidos pode ser dispensado.

1ª etapa: Apelidos *tunga* (♩) e *ti-ti* (♫)

O uso de palavras (apelidos) auxilia a execução dos valores com maior exatidão e facilita a manutenção do pulso.

Adotamos, para a semínima, a palavra *tunga* e, para a colcheia, usamos o termo *ti-ti*[6] (pronuncia-se com o primeiro *ti* acentuado).

Ambas começam pela consoante explosiva *t*, evidenciando o início de cada valor. O fato de a palavra *tunga*, de duas sílabas, representar apenas um valor justifica-se porque o objetivo é o treino da unidade de tempo (semínima) e sua subdivisão (colcheia). Assim, obtém-se mais facilmente a duração do valor da semínima, ao se pronunciar a palavra *tunga*, sendo a sílaba *tun* dita no tempo inicial e a sílaba *ga* falada no tempo fraco do pulso.

Nos exercícios de leitura, a criança diz os apelidos correspondentes enquanto bate os valores.

[6] Essas palavras foram usadas pelo professor Antonio Yepes durante um curso de extensão realizado em Buenos Aires, em 1976 e, desde então, passamos a adotá-las.

Exemplo:

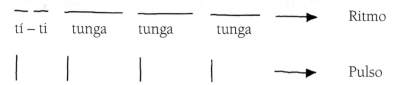

Em seguida, o professor deve trabalhar com os sons longos e curtos, utilizando agora os apelidos *tunga* e *ti-ti*, para que essa noção seja muito bem apreendida e interiorizada. Para isso, pode seguir a mesma sequência anteriormente descrita: primeiro faz diversos exercícios de leitura, depois de reconhecimento e por fim de ditado.

2ª etapa: Uso de material concreto

Para visualizarmos e compararmos os tamanhos dos valores *tunga* e *ti-ti*, utilizamos tiras de papelão ou barras de madeira, como tijolinhos de aproximadamente 4 cm para a semínima e de 2 cm para as colcheias.

Exemplo:

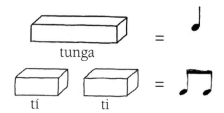

A criança tem, assim, a oportunidade de manusear esses objetos e, pela comparação, compreender melhor suas diferenças de tamanho.

A partir dessas atividades com o material concreto, a pulsação será marcada com palitos, para facilitar a compreensão. Ao transcrever esses ritmos para o papel, os palitos são substituídos por traços verticais, colocados exatamente embaixo do início do valor rítmico.

Exemplos:

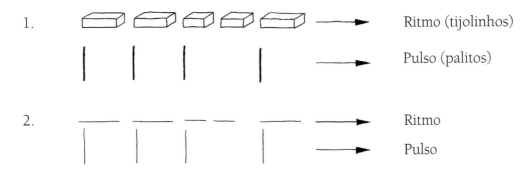

- **Manuseio e leitura**

  Para iniciar esse tipo de atividade, o professor monta alguns ritmos com os materiais e pede para que os alunos os leiam em grupo. Em seguida, cada um reproduz, com os tijolinhos, os esquemas montados pelo professor e, enquanto faz a leitura do ritmo, desliza seus dedos sobre o material. Assim, a criança pode sentir, pelo tato, o tamanho de cada valor.

- **Invenção e reconhecimento**

  É bastante importante que a criança tenha oportunidade de inventar seus próprios ritmos. Enquanto brinca com os tijolinhos, colocando-os em sequência, ela vai inventando novos esquemas rítmicos. Estes podem ser lidos por ela mesma ou pelos colegas, como parte dos exercícios de leitura.

Um exercício interessante é usar as criações dos alunos para fazer uma atividade de reconhecimento. O professor escolhe um esquema e canta para a turma, sem dizer qual foi o escolhido. Cada criança tenta reconhecer se o ritmo cantado pelo professor foi ou não o que ela inventou. Depois de descoberto, todos cantam o ritmo escolhido.

- **Escrita**

    Depois dessas práticas, a criança transcreve no papel o trabalho realizado com o material concreto. Nesse estágio, as figuras ainda são representadas por traços retos, longos e curtos, e os pulsos, pelos traços verticais.

- **Ditado**

    Da mesma forma que pudemos realizar exercícios de ditado sobre o comprimento dos sons, é possível desenvolver agora algumas atividades de ditado rítmico, lembrando-nos de marcar os pulsos.

    Recomendamos seguir todas as fases, ou seja: ao ouvir o ritmo cantado pelo professor, o aluno monta o esquema com o seu material, em seguida lê deslizando os dedos sobre ele e só depois o transcreve para o papel.

3ª etapa: Pausa de semínima (ᑘ)

Desde que iniciamos o trabalho com a percepção dos sons, fizemos a relação entre o espaço vazio de uma sequência e o silêncio: onde há traço há som e onde não há traço há silêncio. Da mesma forma, o movimento da mão, ao seguir uma sequência de sons, não é interrompido ao passar pelo espaço vazio. Assim, a criança já deve estar preparada para compreender a noção de pausa, que exploraremos a seguir.

Para que a criança descubra a presença da pausa mais facilmente, partimos da percepção visual, utilizando os tijolinhos. O professor monta um esquema rítmico simples e deixa vazio um dos pulsos, como mostra o primeiro exemplo da figura a seguir. Esse ritmo é, então, cantado, para que os alunos percebam a ausência do som, ou seja, da pausa de semínima.

Uma vez compreendido o silêncio, o professor coloca sobre o pulso vazio um tijolinho que corresponde ao valor de uma semínima inclinado para a direita, conforme o Exemplo 2, mostrado a seguir.

Exemplos:

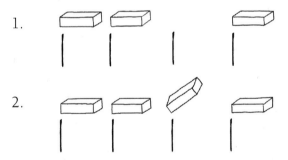

Olhando para os esquemas, os alunos percebem que a pausa é também um valor com duração específica, nesse caso, o da semínima, e por isso preenche um pulso.

Depois, a turma faz exercícios de leitura, ditado e criação de novos esquemas, utilizando as peças de madeira ou papelão, e, em seguida, transcreve esses esquemas.

Exemplo:

Para diminuir a dificuldade que a criança normalmente tem de manter o tempo exato de silêncio que a pausa requer, deve ser feita uma leve inspiração de ar no momento em que ela ocorre, imitando-se o ato de cheirar uma flor, conforme sugere a canção a seguir.

Sopra o vento
(Rúbia Froehner Lohmann)

So —— pra o ven —— to nas flo–res per–fu —— ma —— das   hum!   hum!

4ª etapa: Escrita das figuras rítmicas *semínima* (♩) e *colcheias* (♫)

Para transformar os traços de *tunga* e de *ti-ti* em figuras de música, o professor mostra para os alunos que basta colocar as hastes nos devidos lugares, como segue:

Quando os alunos já tiverem dominado a percepção e a escrita desses valores, o professor esclarece que as hastes podem estar tanto para cima, à direita, como para baixo, à esquerda.

Exemplo:

Com relação às colcheias, é preciso explicar que elas podem também ser representadas separadamente. Sua separação pode ser ilustrada contando-se que, quando juntas, elas estão de mãos dadas, e que, ao soltarem suas mãos, cada braço cai ao lado, formando a figura do exemplo mostrado a seguir.

Exemplo:

Uma vez transformados os traços em figuras musicais, os alunos aprendem os verdadeiros nomes dos valores de semínima e colcheia e da pausa da semínima.

5ª etapa: Escrita da pausa da semínima (𝄽)

O traçado da pausa da semínima é extremamente difícil para a criança. Por isso, para facilitar, o professor pode associar a forma dessa pausa à junção, em sentido vertical, das letras Z e C. Esse fato originou o apelido que adotamos neste caso: *Zé Carioca*. Os alunos podem fazer exercícios escrevendo o Z e, logo abaixo dele, o C, como na figura a seguir:

$$\frac{Z}{C}$$

A partir de então, o traço inclinado da pausa deve ser transformado na figura do Zé Carioca, a representação gráfica que antecede o aprendizado da figura real da pausa da semínima.

Exemplo:

$$/ = \frac{Z}{C} = \xi$$

Prática 5: Sequência na aprendizagem de outros valores rítmicos

1ª etapa: Figura rítmica *mínima* (𝅗𝅥) – Apelido *tungarunga*[7]

Com o objetivo de manter a exata duração do valor da mínima, adotamos para essa figura o apelido de *tungaranga*. O fato de essa palavra ter quatro sílabas ajuda a criança a manter o valor todo da mínima.

O valor longo da mínima é mais facilmente percebido quando ela aparece em final de frase, como na canção que segue.

O menino toca o sino
(Composição das autoras)

[7] Assim como os termos *tunga* e *ti-ti*, este também foi proposto por Antonio Yepes em curso realizado em Buenos Aires, em 1976.

Para auxiliar na percepção do comprimento do som da mínima, percutimos o som do sino em um instrumento (metalofone ou triângulo, por exemplo) ou objeto sonoro de metal.

Ao trabalhar com essa melodia, a criança deve chegar à conclusão de que a mínima tem valor igual a duas pulsações de semínima.

Então, o professor cria alguns esquemas rítmicos para evidenciar a relação inteiro-metade existente, neste caso, entre os valores *tungaranga* e *tunga*.

A turma realiza leituras e ditados de esquemas tendo o cuidado de, ao cantá-los ou tocá-los em instrumentos melódicos, dar a essa figura seu exato valor. A maioria dos instrumentos de percussão, assim como as palmas, não são apropriados porque interrompem o som, não lhe dando a continuidade requerida.

2ª etapa: Pausa da mínima (▬)

Uma vez compreendida a noção de pausa, é bastante fácil aprender a pausa da mínima. O professor mostra essa pausa aos alunos em esquema rítmico ou melódico no quadro, explicando que, por corresponder à mínima, equivale a duas pulsações (de semínima).

Prossegue com leituras de esquemas nos quais esteja incluída essa pausa, ensinando as maneiras de escrevê-la, ou seja, quando em exercícios rítmicos sem pauta, em cima de um pequeno traço e, quando em exercícios melódicos, sobre a terceira linha do pentagrama.

É importante salientar que ao escrevermos esquemas rítmicos com marcação gráfica dos pulsos, devemos colocar tanto a mínima quanto a sua pausa sobre o primeiro dos dois pulsos que lhes correspondem.

Exemplo:

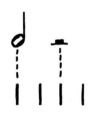

3ª etapa: Figura rítmica *semicolcheias* (♪♪♪♪) – Apelido *chocolate*

As semicolcheias são apresentadas unidas em grupos de quatro, formando uma pulsação de semínima. Qualquer palavra de quatro sílabas pode ser utilizada para caracterizá-las. Entretanto, por não existir, em português, palavra de quatro sílabas com acentuação na primeira sílaba como seria desejável em função da prosódia, escolhemos o termo *chocolate*. Apesar de ser paroxítona, devemos enfatizar a acentuação na sílaba *cho* e falar com mais leveza as demais.

O primeiro contato das crianças com a figura *chocolate* se dá por meio das palavras da canção a seguir.

Chocolate
(Composição das autoras)

Choco-la-te bran-co cho-co-la-te pre — to
eu não sei qual es —— co —— lher

Inicialmente, os alunos aprendem a cantar a canção. A seguir, o professor direciona o trabalho para o ritmo, procedendo da seguinte forma:

- O professor marca a pulsação com leves estalos de dedos, para que os alunos digam os versos dentro do ritmo.
- Ainda com a pulsação marcada pelo professor, todos batem, com palmas, o ritmo da canção.
- O professor divide a turma em dois grupos e, enquanto um deles bate o ritmo, o outro marca os pulsos de semínima.
- O professor leva as crianças a descobrir que a figura rítmica *chocolate* cabe em uma pulsação de semínima.

- A figura escrita com os valores unidos (𝅘𝅥𝅯𝅘𝅥𝅯𝅘𝅥𝅯𝅘𝅥𝅯) e também a semicolcheia isolada (𝅘𝅥𝅯) são apresentadas.
- O professor escreve no quadro o ritmo da canção *Chocolate* com o auxílio dos alunos.
- Em seguida, escreve novos esquemas rítmicos contendo os valores aprendidos até então, com os traços longos e curtos, para que os alunos façam a leitura usando os apelidos *tunga*, *tí-ti*, *chocolate* e a respiração para a pausa de semínima.

Exemplos:

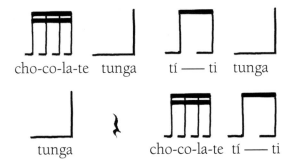

- Na sequência, o professor ensina as notas da melodia, para que seja tocada em xilofones ou outro instrumento melódico.
- Posteriormente, escreve tanto o ritmo quanto as notas da canção, pois esses elementos já são do domínio dos alunos. Assim, novamente é possível vivenciar a integração entre ritmo e melodia.

Seguidos esses estágios, os alunos estão aptos a fazer ditados rítmicos e criar esquemas acrescidos da nova figura rítmica.

4ª etapa: Acento, compasso e fórmula de compasso

O acento, em música, está diretamente relacionado à pulsação. Por isso, só é entendido pela criança depois que nela está sedimentada a noção de pulso. Da mesma forma, é o acento que determina a divisão de compasso e, consequentemente, a sua fórmula.

Para chegarmos à noção teórica de compasso e fórmula de compasso, partimos da identificação, pela percepção auditiva, do acento em canções folclóricas conhecidas. Ao cantar, a criança sente os pulsos de apoio, marcando-os com movimentos corporais, como flexões do tronco ou balanço dos braços. Assim, aprende que, quando os acentos se dão de dois em dois pulsos, tem-se o ritmo binário; quando de três em três, o ternário; quando de quatro em quatro, o quaternário.

A partir dessa vivência, o professor escreve no quadro o ritmo de uma canção simples, como *Marcha soldado*, sem as barras de compasso, conforme a figura a seguir:

Ao cantar essa música, lendo a partitura, o professor faz um pequeno traço sobre as notas de apoio, para marcar o início de cada compasso. Posteriormente, ele faz um traço vertical (barra divisória) antes de cada figura marcada.

Explica, ainda, que, no fim de qualquer peça musical, usamos a barra dupla e que, quando é para repetir determinado trecho (*ritornello*), são colocados dois pontos antes da barra, como no exemplo a seguir:

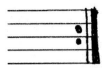

A fórmula de compasso surge em decorrência do número de pulsos em cada compasso (numerador) e do valor utilizado como unidade de tempo (denominador). Compreendido isso, passamos a utilizar a fórmula de compasso em exercícios rítmicos. O esquema rítmico de quatro pulsos é considerado ideal nessa fase de iniciação porque é longo o suficiente para conter variações rítmicas e o seu tamanho permite fácil memorização.

O símbolo gráfico adotado para a fórmula de compasso quaternário não costuma ser o $\frac{4}{4}$, pois o denominador em numeral nem sempre é compreensível para a criança. Usamos a representação 4♩, porque esta evidencia que cada compasso tem quatro pulsos de semínima.

Considerando que a maioria das canções infantis e folclóricas brasileiras e mesmo grande parte do repertório musical erudito e popular têm como unidade de tempo a semínima, enfatizamos o uso desta na musicalização de crianças. Outras unidades de tempo, como a colcheia (♪), podem ser apenas apresentadas ao aluno e não trabalhadas com profundidade.

5ª etapa: Figura rítmica *colcheia pontuada e semicolcheia* (♩. ♫) – Apelido *salta*

Esta figura é difícil de ser assimilada pela criança, por ser composta de dois valores de duração desigual numa mesma pulsação, levando à sensação do saltito. Por isso, o professor deve trabalhar com os alunos vários exercícios para que sintam, pelo movimento corporal, a diferença entre andar e saltar. Assim, podem bater palmas, saltitar pela sala, falar a palavra *salta* no ritmo da figura etc. Esses exercícios para a compreensão do saltito precedem a apresentação escrita dessa figura e justificam o seu apelido *salta*.

Visando estabelecer a diferença entre ♩. ♫ e ♫♫, adotamos alguns esquemas rítmicos com palavras para serem recitadas, respeitando-se a prosódia.

Salta, canguru
(Composição das autoras)

Para facilitar a assimilação, a sequência pode ser:

- falar os versos, repetidas vezes, conforme o ritmo;
- falar e bater o ritmo simultaneamente;
- falar cada verso e, em seguida, seu ritmo.

Em todos esses exercícios, o professor ou um grupo de alunos faz a marcação do pulso com estalos de dedos, palmas etc.

Antes de apresentar a grafia do *salta*, a criança o representa com traços longos ou curtos, e o compara com o *ti-ti*, já aprendido.

Exemplo:

$$\underline{\quad}\ \text{-} \quad \neq \quad \underline{\ }\ \underline{\ }$$
sal ta   tí ti

Tendo assimilado esse novo elemento, a criança aprende a sua grafia convencional (), lembrando que é preciso praticar muita leitura de esquemas rítmicos (batendo palmas, andando, falando) que contenham o salta antes de se iniciar a etapa do ditado rítmico.

Ao ouvir um esquema rítmico que o contenha, a criança tem dificuldade de localizar em qual dos pulsos ele se encontra. Por isso, como preparação ao ditado, criamos o exercício "Circule o salta", no qual a criança escreve traços verticais correspondentes a quatro pulsos e, ao ouvir o esquema rítmico ditado, assinala com um círculo o pulso em que se encontra o

Exemplo:

Esquema ditado pelo professor   Pulso assinalado pelo aluno

6ª etapa: Pausa de colcheia (𝄿)

A pausa da colcheia é apresentada ao lado da figura da colcheia, mantendo-se a noção do pulso de semínima. Essa pausa é mais facilmente percebida quando vem depois da colcheia, conforme segue:

O ritmo a seguir foi criado para que a criança vivencie a duração dessa pausa.

Gato esfomeado
(Composição das autoras)

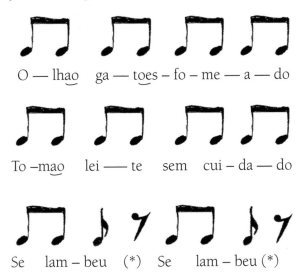

No lugar da pausa da colcheia (*), deve-se fazer o som da lambida do gato.

Obs.: Após várias repetições e depois de percebida a existência da pausa, o professor escreve no quadro o ritmo com a letra (exercício de prosódia) e apresenta a figura da pausa da colcheia.

Dependendo da faixa etária e do desenvolvimento dos alunos, podemos apresentar a pausa precedendo a colcheia, ou seja, no contratempo: 𝄾 ♪.

Para proporcionar exatidão no que se refere ao tamanho da pausa e facilitar a leitura, fazemos breve inspiração sempre que ela aparece, assim como na pausa da semínima.

Os alunos fazem exercícios de leitura e ditado com esses novos elementos, com o objetivo de fixar o aprendizado.

7ª etapa: Anacruse e colcheia isolada

Assimilada a noção de acento, a anacruse é percebida pela criança sem dificuldades. Ao cantar melodias do folclore infantil, a criança descobre, com o auxílio do professor, que algumas começam no tempo forte, enquanto outras não.

O professor explica, então, que, em toda obra musical em que aparecem uma ou mais notas antes do primeiro tempo forte, configura-se a anacruse.

Mostra, ainda, que há músicas em que a colcheia aparece isolada, e não só aos pares, como foi visto até agora. Para ilustrar, o professor escreve no quadro o início de *Cai, cai, balão*, por exemplo.

Cai cai balão
(Folclore brasileiro)

Cai   cai   ba-lão Cai cai   ba-lão a- ...

8ª etapa: Figura rítmica 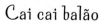 – Apelido *jabuti*

Com a finalidade de apresentar a figura rítmica 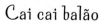, criamos a seguinte melodia:

Jabuti
(Composição das autoras)

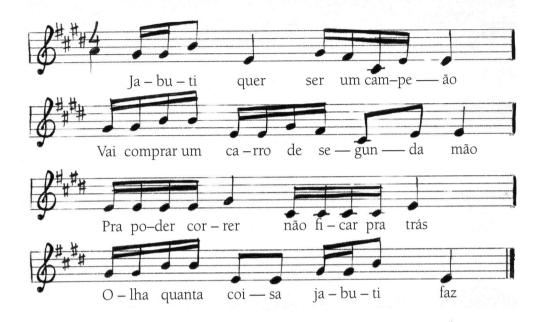

Ja – bu – ti quer ser um cam-pe — ão
Vai comprar um ca – rro de se — gun — da mão
Pra po-der cor – rer não fi – car pra trás
O – lha quanta coi — sa ja – bu – ti faz

Para obtermos os resultados almejados, sugerimos realizar os seguintes procedimentos:

- Todos cantam a melodia, com a marcação do pulso feita pelo professor.
- Enquanto cantam, batem o ritmo com palmas.
- Batem somente o ritmo, sem a melodia.

- O professor convida os alunos a escreverem o ritmo da canção no quadro, para que descubram que, no seu início, existe uma figura rítmica diferente, que cabe em um pulso.
- Os alunos representam com traços a nova figura: _ _ __ .
- O professor transforma os traços em valores musicais para que a figura escrita seja visualizada: ♫ ♩ .
  - Depois, prossegue com exercícios de leitura e ditado.

Toda essa sequência de prática rítmica deve ser acompanhada da marcação de pulso feita pelo professor.

9ª etapa: Figura rítmica ♪♫ – Apelido *bâmbala*

Para ensinar a figura 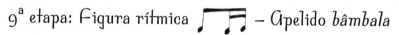, usamos a canção folclórica *Bambalalão*, de onde extraímos o apelido *bâmbala*.

Bambalalão
(Folclore brasileiro)

Bam-ba-la-lão Se—nhor ca-pi-tão Es—pa—da na cin-ta Gi—ne——te na mão

Aqui, o professor promove um processo idêntico ao do aprendizado da figura rítmica *jabuti*. Para configurar a sutil diferença entre ♫ e ♫, faz com os alunos o exercício descrito a seguir:

- O professor escreve as duas figuras no quadro com traços longos e curtos, para que os alunos percebam, pela visão, a diferença entre elas:

  ▁ _ _   e   _ _ ▁

- Em seguida, transforma-as nas figuras rítmicas:

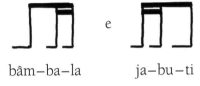

bâm – ba – la   ja – bu – ti

- Os alunos leem as figuras, falando os apelidos.
    - Enquanto falam os apelidos das figuras rítmicas, deslizam as palmas das mãos no chão, para melhor sentir seus valores. Assim, no caso das figuras dispostas, deslizam a mão esquerda, da esquerda para a direita, tanto quanto durar a sílaba *bam*, e seguem com duas batidas designando as semicolcheias. A mão direita continua, com duas batidas para o *já – bu*, e depois desliza fazendo o *ti*.
- Repetem o exercício, invertendo a ordem das figuras, ou seja:

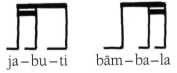

ja – bu – ti   bâm – ba – la

A partir daí, o professor desenvolve diversos exercícios, conforme já descrito anteriormente: leitura, reconhecimento, ditado, criação de esquemas e demais atividades de fixação.

10ª etapa: Figura rítmica *mínima pontuada* (𝅗𝅥.)

Para ensinar a mínima pontuada, utilizamos a melodia *O parque*. Enquanto canta, o professor marca a pulsação com estalos de dedos e pede à criança que observe a duração da última nota, para descobrir que esta equivale a três pulsações de semínima. É preciso cantar mantendo o valor exato da mínima pontuada, a fim de que não seja confundida com a mínima seguida de pausa de semínima.

Depois, o professor escreve a canção no quadro e explica que o ponto de aumento amplia o valor da figura que o precede em metade de seu valor.

Uma vez compreendida, a mínima pontuada é incorporada aos exercícios subsequentes de leitura, ditado e criação.

11ª etapa: Figura rítmica *semibreve* e sua pausa (𝅝 ▬)

A semibreve, por ser uma figura de valor longo, não corresponde ao tempo natural da criança. Por isso, no início da alfabetização musical, quase não é usada em exercícios rítmicos e melódicos. É aconselhável, porém, que a criança conheça essa figura e sua duração. O mesmo ocorre com sua pausa, que deve ser comparada à da mínima, evidenciando-se as diferenças, inclusive sua escrita na pauta, sob a quarta linha.

12ª etapa: Figura rítmica *semínima pontuada e colcheia* (♩. ♪)

Apesar de já conhecer isoladamente todos os elementos componentes dessa figura, ou seja, a semínima, o ponto de aumento e a colcheia, a criança tem dificuldade em reconhecê-la e executá-la.

Por isso, essa figura é representada na escrita pela forma ♩♫ . Desse modo, a estrutura rítmica à qual o aluno já está visualmente habituado é conservada.

Para ensinar a função da ligadura, veja os passos a seguir.

- Os alunos leem esquemas rítmicos sem ligadura:

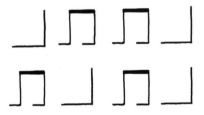

- Em seguida, o professor coloca as ligaduras:

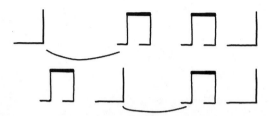

- O professor faz uma nova leitura para que os alunos descubram que houve mudança no ritmo.

Compreendida essa noção, o professor mostra outra maneira de escrever, usando o ponto de aumento:

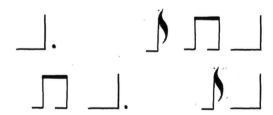

A canção *Atirei o pau no gato* é utilizada para ilustrar e fixar a figura rítmica ♩. ♪, uma vez que inicia com ela.

Essa nova noção pode ser trabalhada com a aplicação das diversas atividades descritas anteriormente.

Atirei o pau no gato
(Folclore brasileiro)

A - ti - rei o pau no ga-to-to mas o ga-to-to não mo-rreu-rreu Do-na Chi-ca-caa-d-mi — rou-se se do ber – ro do be-rro que o ga–to deu mi – au!

13ª etapa: Figura rítmica ♫♩ – Apelido sâmbale

Para ensinar essa figura, repetimos os mesmos procedimentos empregados para o aprendizado das figuras antecedentes.

Por iniciar com a figura ♫♩, a canção *Sambalelê* é usada para apresentá-la, adotando-se a palavra *sâmbale*, com acentuação na primeira sílaba, como apelido.

Sambalelê
(Folclore brasileiro)

Sam—ba ——— le–lê es — ta do ——— en ——— te

'sta — co'a ca – be – ça que ——— bra ——— da

Sam—ba ——— le – lê pre — ci ——— sa ——— va

É deu — mas bo – as pal ——— ma ——— das

Sam ——— ba sam ——— ba sam–ba o ——— le — lê

Pi – sa na bar – ra da sa – ia ô ——— le – lê

14ª etapa: Figura rítmica 𝄽♪♪♪ – **Apelido *engenho***

Para a figura 𝄽♪♪♪, usamos a canção *Engenho novo*. A pausa é representada por uma breve inspiração e a figura é complementada com a palavra *engenho*, seu apelido.

Engenho novo
(Folclore brasileiro)

15ª etapa: Figura rítmica *tercina* (♪♪♪) – Apelido *círculo*

Como não encontramos no folclore infantil melodia que pudesse ser utilizada para o aprendizado da *tercina*, criamos uma canção.

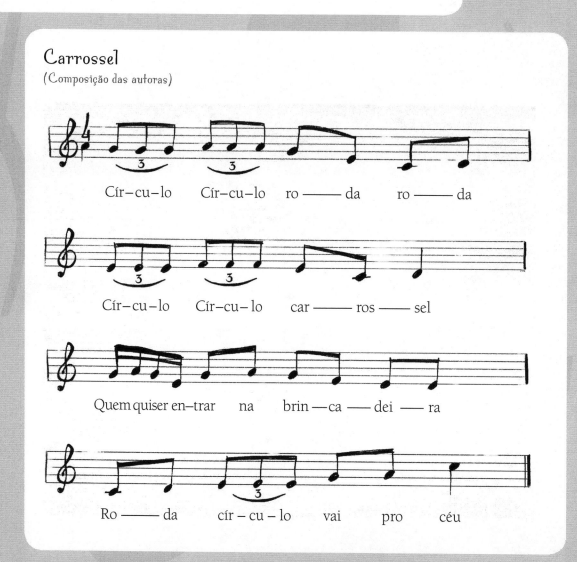

Para damos o sentido circular que a tercina sugere, ao executá-la com palmas, devemos deslizar uma das mãos sobre a outra, em cada sílaba da palavra *círculo*, imitando o gesto de passar manteiga no pão.

Ditado rítmico

O ditado requer da criança o desenvolvimento de uma série de habilidades e competências. Entre elas estão memória, concentração, percepção auditiva e capacidade de decodificação de sons em nomes e símbolos gráficos. É uma atividade obrigatória que exige cuidadosa aplicação, pois pelo ditado há condições de avaliar o nível de assimilação dos elementos trabalhados.

Os procedimentos que antecedem a prática do ditado rítmico são os mesmos em todo o processo de alfabetização musical: leitura, reconhecimento, escrita e criação. Existem, porém, variações quanto ao grau de dificuldade do ditado em função da figura rítmica trabalhada em cada etapa.

Princípios básicos

Para obtermos resultados satisfatórios nos exercícios de ditado rítmico, é indispensável o estabelecimento de certos princípios:

- Um ambiente tranquilo e silencioso é essencial para que haja a concentração exigida e um bom desempenho.
- O ditado, quando exclusivamente rítmico, deve ser escrito sem o uso da pauta de cinco linhas.
- A maioria dos esquemas rítmicos ditados são compostos de quatro pulsos de semínima (compasso quaternário). A fórmula de compasso, uma vez conhecida, integra o ditado, figurando no início de cada esquema rítmico.
- Dita-se um esquema de cada vez, passando-se ao próximo somente depois de efetuada sua correção.
- Os pulsos são marcados pelo professor com batidas leves de pés, mãos, estalos de dedos, tambor ou clavas de madeira.
- Antes de iniciar qualquer ditado, para que o andamento seja definido, o professor começa com a marcação do pulso.
  - Para auxiliar a compreensão do esquema, o professor pode marcar o pulso com estalos de dedo, por exemplo, deslocando a mão horizontalmente de forma a individualizar cada um dos pulsos no espaço. Assim, além de ouvirem o ritmo e o pulso, os alunos visualizam a localização deste último. Do mesmo modo, o professor pode caminhar enquanto bate ou canta o esquema, sendo que cada pisada marca o início de um pulso de semínima.

Recomendamos que os esquemas sejam ditados não só por meio de palmas, mas também, e principalmente, cantados em uma mesma nota, próxima ao Mi. Assim, a criança ouve o ritmo agregado a som melódico. Para isso, costumamos usar a sílaba *ta*.

Ao montarmos um esquema, devemos cuidar para que as dificuldades sejam bem dosadas, evitando tanto esquemas muito complexos quanto simples demais.

Prática 1: Sequência da aplicação

1ª etapa: Preparação

Como preparação ao ditado rítmico, a turma realiza exercícios de leitura de esquemas e recorda as canções e/ou poemas que contêm as dificuldades a serem enfocadas. Por exemplo, se o esquema rítmico a ser trabalhado for o ♫♫, os alunos podem cantar a canção *Jabuti*.

- Antes de ouvirem o ditado, os alunos marcam no papel, espaçadamente, as quatro pulsações referentes a cada esquema, sobre as quais escreverão o ritmo.

Exemplo:

| | | |

Essa maneira de proceder facilita a percepção do início de cada pulso e das figuras que o preenchem. No entanto, observamos que, muitas vezes, em estágios mais avançados, tendo interiorizado a noção de pulso, a criança já escreve o ritmo mesmo antes de marcar o pulso no papel.

2ª etapa: O ditado

- O professor inicia o ditado com marcações de pulso para determinar o andamento.
- Os alunos ouvem o esquema e o repetem com palmas ou cantando em seguida. Assim, concretizam o que ouviram e o professor tem condições de avaliar se o esquema foi corretamente percebido.
- Havendo necessidade, o professor repete o esquema e só então os alunos o reproduzem no papel. Devemos evitar o excesso de repetições, a fim de que a criança adquira autoconfiança quanto àquilo que ouviu e desenvolva a memória musical, um dos maiores benefícios proporcionados pelo ditado.
- Quando todos já tiverem finalizado, os alunos devem ter oportunidade de ouvir o esquema ainda uma vez para conferir o que escreveram.
- A correção deve ser feita coletivamente, no quadro, imediatamente após a conclusão de cada esquema.

Atividades rítmicas complementares

Diversas atividades rítmicas são aplicadas durante o processo de musicalização porque, além de satisfazerem às necessidades lúdicas da criança, são estratégias auxiliares na assimilação de conteúdos.

Entre elas, há três atividades que merecem especial atenção, em virtude dos benefícios que trazem à criança. São os **ecos**, as **perguntas e respostas** e o **rondó**, a serem trabalhados nessa sequência. Assim como os **ecos** preparam a realização de **perguntas e respostas**, estas são pré-requisitos para a execução consciente do **rondó**.

De modo geral, todas podem ser realizadas em qualquer etapa do aprendizado, variando-se o grau de dificuldade conforme seja necessário em cada momento.

Como sugestão, selecionamos algumas atividades, descritas a seguir.

Prática 1: Ecos rítmicos

Com o intuito de intensificar a prática de leitura e escrita de notas musicais de forma lúdica, desenvolvemos alguns jogos que podem ser aplicados em momentos diferentes, à medida que os valores rítmicos vão sendo apresentados. O grau de dificuldade deve ser estabelecido pelo professor de acordo com a necessidade dos alunos.

Os jogos de ecos rítmicos baseiam-se na repetição exata de esquemas rítmicos ouvidos por meio de palmas, instrumentos de percussão ou falando a sílaba *ta*. Não é necessário que a criança tenha conhecimentos musicais para realizá-los, uma vez que se trata de atividade intuitiva.

Há várias modalidades de jogos de ecos. Vejamos algumas delas na sequência.

1ª etapa: Eco em grupo

Trata-se de uma de atividade simples na qual o professor bate um esquema rítmico, geralmente de quatro pulsos de semínima. Depois de o ouvirem por completo, os alunos o repetem, falando a sílaba *ta* acompanhada de palmas ou andando no ritmo real do esquema. O uso dos pés para repetir o ritmo requer maior coordenação motora e domínio rítmico.

Para evitar antecipação ou atraso na repetição, o professor dá um sinal de entrada, assim como faz o maestro perante sua orquestra. Se a repetição do eco não for exata, este mesmo esquema é refeito pelo professor e novamente repetido pelos alunos.

Exemplo:

2ª etapa: Eco individual

Os mesmos procedimentos anteriormente expostos são aplicados para cada criança. O professor pode bater com palmas um esquema diferente para cada aluno ou fazer sempre o mesmo para que cada um o repita individualmente.

Elementos de dinâmica são eventualmente agregados, como enriquecimento dessa prática.

3ª etapa: Eco em cadeia

Essa modalidade exige que a criança já tenha interiorizado a noção de pulso. O professor bate com palmas apenas um esquema, que é repetido pelos alunos sucessivamente, cada um na sua vez. Forma-se uma roda para que a "mensagem" (esquema rítmico) seja repetida sucessivamente, sem interromper a pulsação.

4ª etapa: Criação de ecos

Somente depois de terem exercitado os diversos tipos de eco, a criança tem condições de inventar esquemas rítmicos conforme os critérios adotados. A segurança e a precisão rítmicas são indispensáveis para que o esquema seja compreendido e então repetido com exatidão pelos colegas.

5ª etapa: Eco pula um

Esse exercício contribui principalmente para o desenvolvimento da audição interior. Tem a mesma dinâmica do eco em cadeia, com a diferença de que o esquema é batido alternadamente. O professor bate um esquema quaternário e o primeiro aluno à sua direita o repete com palmas; o seguinte, em vez de bater, "pensa" o esquema. O próximo aluno bate exatamente após o término dos quatro pulsos pertencentes ao que foi "pensado", sem que para isso precise receber qualquer sinal indicativo de entrada. Prossegue-se o jogo sem interromper a cadeia, até o último aluno da roda. Na outra rodada, invertem-se os papéis, ou seja, quem bateu palmas fica em silêncio, e vice-versa.

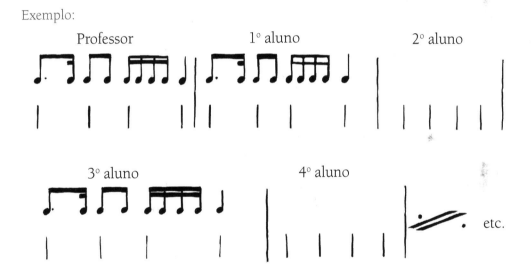

Esse tipo de jogo ainda auxilia a criança no desenvolvimento da noção de tamanho (número de pulsações usadas como padrão), requisito básico para a realização de improvisações no exercício de rondó.

6ª etapa: Eco em pulsos

Num estágio bastante adiantado, os alunos podem individualizar os pulsos de um esquema, habilidade necessária para a realização desse exercício. O professor bate um esquema quaternário e todos, em círculo, o repetem ao mesmo tempo para memorizá-lo. Feito isso, os quatro primeiros alunos da roda o executam, cada qual batendo o ritmo de um pulso, para reproduzir o esquema todo tal como foi apresentado.

O mesmo procedimento é repetido por outros grupos de quatro alunos, de tal modo que todos tenham oportunidade de participar.

Exemplo:

- Esquema apresentado pelo professor

- Eco em pulsos feito pelos alunos

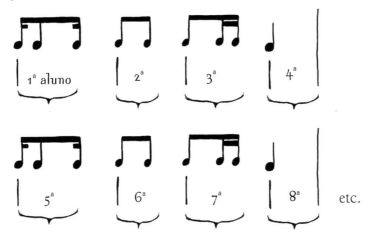

Observação: É imprescindível que o professor marque as pulsações para auxiliar todos os jogos de eco propostos. Sem isso, os alunos dificilmente alcançarão o resultado rítmico desejado.

Prática 2: Perguntas e respostas rítmicas

Seguindo a mesma linha dos jogos de eco, este exercício tem como principal finalidade a improvisação rítmica. O professor bate, com palmas, um esquema rítmico – a pergunta – e o aluno o "responde" ritmicamente. Para que a resposta "fale sobre o mesmo assunto", adota-se o critério de tamanho, isto é, se a pergunta contiver quatro pulsos, a resposta também deverá tê-lo.

Como variação, sugerimos que os papéis sejam trocados: um aluno bate a pergunta para o professor ou algum colega responder.

É interessante que os alunos opinem sobre a propriedade ou não das respostas obtidas, fato que concorre para o desenvolvimento do senso crítico.

Prática 3: Rondó rítmico

O **rondó** é uma forma musical simples, em que o tema principal é repetido, entremeado de partes distintas. É usado tanto para desenvolver a capacidade de improvisação da criança quanto para iniciá-la na compreensão da forma musical. Como pré-requisitos para a execução do rondó, a criança deve ter passado por intenso trabalho com **ecos** e perguntas e respostas rítmicas. Deve também ter tido a oportunidade de ouvir músicas que apresentem a forma do rondó para identificar suas partes: A B A C A D A . Nesse momento, a criança aprende que a letra A é usada para indicar o tema principal e que as outras letras referem-se às demais partes.

Para facilitar a execução do rondó rítmico, os alunos sentam-se em círculo. Um esquema rítmico quaternário é escolhido para servir de tema (A), que será sempre repetido em conjunto. Entre uma e outra repetição do tema, um aluno, individualmente, improvisa a parte B, outro, a C, e assim por diante, respeitando-se a continuidade e a regularidade da pulsação.

Exemplo:

Prática 4: Pulso vivo

Esse jogo exige muita concentração e prontidão. Tem como objetivos a criação e a ordenação de figuras rítmicas, possibilitando a vivência e a concretização de cada pulso isoladamente. Como se trata de esquemas quaternários, é preciso formar dois grupos de quatro alunos, sendo que um grupo deve marcar a pulsação e o outro, criar o esquema rítmico. Duas fileiras são constituídas, de modo que os alunos fiquem de frente uns para os outros, conforme mostra a figura a seguir:

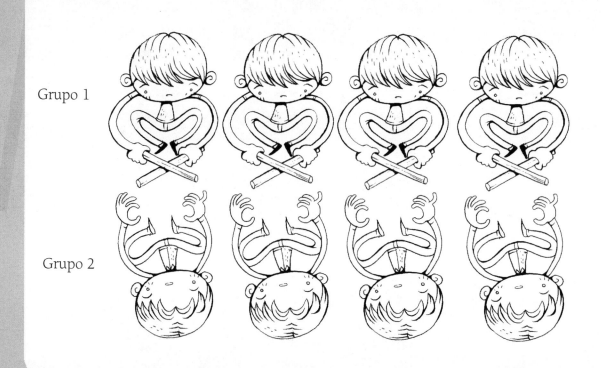

Os grupos se reúnem para combinar previamente o andamento (Grupo 1) e as figuras rítmicas a serem executadas (Grupo 2).

O Grupo 1 inicia marcando o pulso com clavas. Cada aluno desse grupo representa um dos pulsos e deve bater o pulso que lhe cabe, mantendo a regularidade da pulsação. O grupo repete algumas vezes essa sequência de pulsos para que seja assimilada. Então, o Grupo 2 inicia sua participação: cada aluno bate uma figura rítmica com palmas, na pulsação que lhe corresponde, com a máxima precisão.

O restante da turma escreve no papel o esquema ouvido. Para fazer a correção, cada aluno do Grupo 1 escreve no quadro a figura rítmica que lhe cabia no esquema, para que o integrante correspondente do Grupo 2 a confirme ou não. Cada vez que o jogo for repetido, trocam-se os papéis, para que todos participem.

Prática 5: Pulso surpresa

De execução muito simples, o jogo de pulso surpresa é, na realidade, um ditado rítmico. Sua aplicação é conveniente quando o repertório de figuras rítmicas for mais amplo.

O professor escreve os pulsos de um compasso quaternário, completando três deles com figuras rítmicas. O que fica em branco, o pulso surpresa, é completado pela criança depois de ouvir o esquema inteiro ditado pelo professor.

Exemplo:

- **Esquema apresentado**

- **Esquema completo**

Prática 6: Jogos de leitura

1ª etapa: Repetição de figuras rítmicas

O professor escreve no quadro figuras rítmicas já conhecidas dos alunos e cada um recebe um número que as identifica.

Exemplo:

1. 2. 3. 4.

O professor bate a pulsação e anuncia o número da figura a ser executada pelos alunos, ininterruptamente, com palmas, que cessam quando o professor diz a palavra *pausa*. O silêncio perdura, ouvindo-se apenas o contínuo marcar das pulsações pelo professor, até o momento em que ele anuncia o próximo número. Então, os alunos recomeçam.

Em um segundo momento, o professor pode juntar duas ou mais figuras. Assim, se ele diz "trinta e um", os alunos devem bater as figuras correspondentes a 3 e 1.

2ª etapa: Esquemas numerados

Na maioria das vezes, o trabalho com ritmo é feito com esquemas de quatro pulsos. Com o jogo de esquemas numerados, pretendemos fazer a criança identificar e ler esquemas mais longos.

Assim como na etapa anterior, em que o trabalho foi feito com pulsos, agora o professor escreve no quadro vários esquemas de quatro pulsos e os numera. Bate dois ou três deles para que os alunos os identifiquem, dizendo o número resultante. Se, por exemplo, o professor bate o 3 e o 5, os alunos respondem que foi batido o número 35. Da mesma forma, o professor diz o número, e os alunos batem o esquema respectivo.

Prática 7: Jogos com cartelas

1ª etapa: Cartas-pulso

O uso desse material facilita a execução de leituras e ditados e a criação de esquemas rítmicos porque cada pulso, assim como as figuras, está pronto, não sendo preciso escrevê-los. Com as cartas-pulso, a criança pode brincar formando a cada vez esquemas rítmicos diferentes, interagindo com seus colegas e fazendo leituras e ditados.

Esse jogo tem por objetivo fixar a noção de pulso, pois a criança tem condições de manusear cartas representativas de pulsos de semínima isolados.

Visualizando as cartas-pulso, a criança retém a imagem das figuras rítmicas vinculadas ao pulso (de semínima) com bastante facilidade.

Em cada carta, feita em cartolina, estão escritas figuras equivalentes a um pulso de semínima.

Exemplo:

Os alunos devem ter em mãos um jogo de cartas contendo tal variedade de figuras que lhes permita formar os esquemas rítmicos a serem trabalhados. O professor pode ditar alguns esquemas para que eles montem com suas cartas ou os próprios alunos podem inventar esquemas que serão lidos por eles mesmos ou pelos colegas.

Para complementar o exercício, os alunos escrevem no papel o esquema montado com as suas cartas.

2ª etapa: Cartelas com figuras rítmicas isoladas

Para ensinar os alunos a escreverem as figuras rítmicas isoladas, o professor pede para que eles mesmos confeccionem cartelas em cartolina, medindo aproximadamente 5 cm x 10 cm. Nelas, os alunos escrevem apenas uma figura, como uma colcheia ou uma semicolcheia. É importante que cada um faça várias cartelas da mesma figura, tanto para exercitar a escrita quanto para ter material suficiente para outras atividades, como exercícios de leitura, reconhecimento, ditado e criação de esquemas rítmicos. Ao mesmo tempo, isso dá a oportunidade para os alunos manusearem, em separado, figuras rítmicas com as quais habitualmente trabalham em bloco.

É importante observar que cada criança tenha a seu dispor um conjunto de figuras que possibilite montar compassos completos. Também são distribuídos palitos para se fazer a marcação dos pulsos. Com o material em mãos, inicia-se o exercício.

O professor escreve no quadro um esquema usando as figuras agrupadas, como normalmente se faz. Os alunos montam o mesmo esquema com as cartelas, conforme o exemplo a seguir:

Exemplo:

- **Esquema escrito pelo professor**

- **Esquema montado com as cartelas**

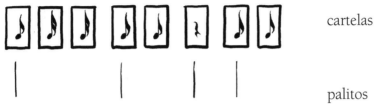

Deve ser deixado um espaço em branco entre um pulso e outro para destacá-los.

Organizado o esquema com as cartelas e efetuada a correção, os alunos o transcrevem no papel com as figuras novamente agrupadas.

Capítulo 3
Elementos melódicos

As notas musicais

Prática 1: A escala de Dó Maior

A criança entra em contato com a escala de Dó Maior para aprender ou fixar o nome das notas musicais em sequência, sem, no entanto, escrevê-las. Para facilitar o aprendizado, o professor ensina a seguinte canção, que contém a escala de Dó Maior em uma oitava:

Aprendida a canção, a turma faz alguns exercícios de fixação da escala, como os descritos a seguir:

- Todos cantam a melodia e, na parte final, um grupo canta a escala ascendente e outro a descendente.
- Cantam novamente a canção e, no momento de fazer a escala, podem tocá-la em um instrumento melódico (piano ou xilofone, por exemplo).
- Todos iniciam cantando a canção e, para fazer a escala, cada um canta uma nota, formando a sequência.

Prática 2: As notas *Sol* e *Mi*

Temos observado que a 3ª menor é o intervalo que a criança emite com mais facilidade e de maneira espontânea. Por isso, é o intervalo usado como ponto de partida para o trabalho melódico. Antecedendo a escrita, é feita uma preparação que segue as etapas descritas na sequência.

1ª etapa: Improvisação de diálogos

Utilizando apenas o intervalo de 3ª menor, o professor e os alunos improvisam conversas melódicas, abordando assuntos diversos.

Exemplos:

1. Pergunta (professor)

Resposta (aluno)

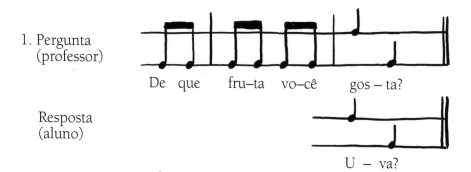

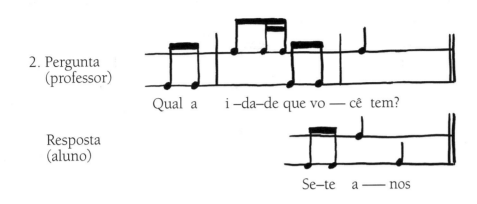

2. Pergunta (professor)

Qual a i –da–de que vo — cê tem?

Resposta (aluno)

Se–te a — nos

2ª etapa: Canções

Após as conversas cantadas, o professor ensina algumas canções contendo somente a 3ª menor, agora formada pelas notas *Sol* e *Mi* da região central do piano. Estas são comodamente cantadas pela criança e sua posição nas duas linhas inferiores da pauta possibilita isolá-las das demais ao se iniciar a escrita.

A 3ª menor descendente é emitida mais naturalmente que a ascendente. Por isso, a primeira canção com intervalo de 3ª menor a ser aprendida segue esse princípio.

Dona Cuca
(Composição das autoras)

Do — na   Cu — ca   ma — lu — ca

não   cai   em   a — ra — pu — ca

Depois, aprendem uma canção com a 3ª menor ascendente.

Saci-pererê
(Composição das autoras)

O – lhao   sa — ci   pe — re — rê

Res — mun — gan — do   não sei   o   quê

Usando apenas as notas *Sol* e *Mi*, o professor e os alunos podem criar inúmeras canções.

3ª etapa: Máquina de som

O trabalho de percepção auditiva de altura das notas *Sol* e *Mi* é intensificado por meio da brincadeira da "máquina de som", que relaciona os sons do intervalo com gestos. Esse exercício consiste em:

- levantar um dos braços flexionando-o à frente do corpo (ver figura a seguir);
- imaginar que no espaço acima desse braço haja um botão que emite a nota mais aguda (Sol) e, abaixo, um botão com a nota mais grave (Mi);
- enquanto a criança canta a canção, "aperta" os botões correspondentes aos sons emitidos.

Outros jogos são desenvolvidos com a "máquina de som":

- Os alunos dialogam cantando o "som de cima" e o "som de baixo", com o auxílio da "máquina".
- O professor canta alguns esquemas melódicos curtos com Sol e Mi e as crianças fazem os gestos correspondentes.
- O professor "aperta os botões da máquina" e os alunos cantam os sons.

4ª etapa: Pauta de duas linhas

Tendo em vista que é difícil para a criança aprender a escrita das notas na pauta completa, de cinco linhas, desenvolvemos exercícios usando apenas a primeira e a segunda linhas da pauta, que correspondem ao Sol e ao Mi.

Como uma das atividades iniciais, para concretizar essa noção de alturas de sons diferentes, os alunos caminham sobre linhas desenhadas no chão, como explicado a seguir:

- Riscam-se ou colam-se no chão, com fita adesiva não transparente, duas linhas paralelas, numa distância aproximada de 50 cm entre elas, sobre as quais aluno caminha. É importante que o professor defina antecipadamente qual é a linha de cada nota e que todos alunos se coloquem do mesmo lado para iniciar a caminhada, considerando que a linha inferior deve corresponder ao som mais grave (Mi) e a superior, ao mais agudo (Sol).

- O professor entoa lentamente uma frase musical curta, e os alunos, individualmente ou em grupos, se locomovem de maneira a pisar na linha do Sol ou do Mi conforme o som ouvido. A movimentação é feita simultaneamente ou após o canto.

Exemplos:

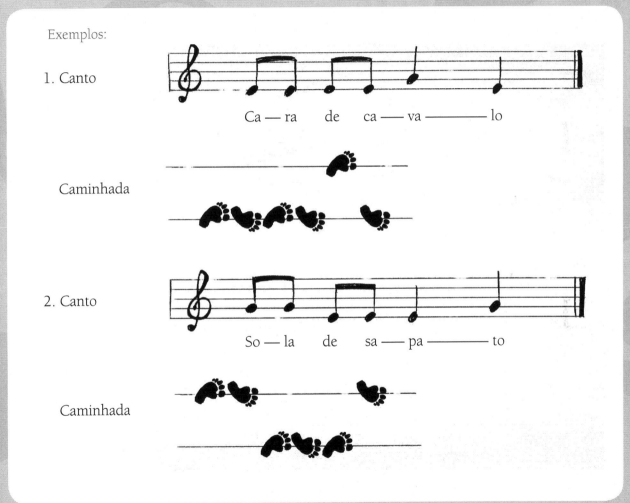

- Depois, os alunos transcrevem esse exercício no papel. Em folhas com pautas de duas linhas, escrevem, com traços inclinados, as frases musicais trabalhadas.
  - A seguir, realizam exercícios de ditado melódico diretamente no papel.

A experiência demonstra que, pelo fato de usar alternadamente as duas linhas, normalmente a criança tem dificuldade de escrever os sons ouvidos em sequência, da esquerda para a direita. A escrita das sílabas sob as notas, seguindo a prosódia, facilita a compreensão do processo.

Exemplo:

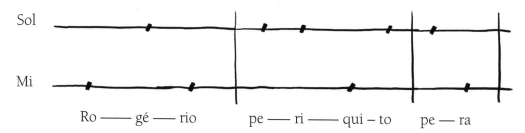

Uma vez conhecidos o som e a localização do Sol e do Mi, a criança passa a cantar dizendo o nome dessas notas, ou seja, a solfejar. A partir daí, desenvolvem-se outras atividades, como a criação de pequenas canções usando Sol e Mi, a serem cantadas com ou sem movimentação sobre a pauta de duas linhas no chão ou tocadas em instrumentos de placa ou ao piano.

Paralelamente a isso, a criança está aprendendo os valores ♩ e ♫.
Aliamos, então, as duas noções, de ritmo e de altura, usando novamente a canção *Dona Cuca* (p. 114).

- Em primeiro lugar, os alunos cantam a música fazendo gestos na "máquina de som", ou caminhando na pauta de duas linhas no chão, para identificar o Sol e o Mi.
- Em seguida, escrevem, no ar, no quadro e no papel, os traços correspondentes ao comprimento do som (conforme descrito no Capítulo 2), fazendo também as distinções de altura, como mostrado na figura a seguir:

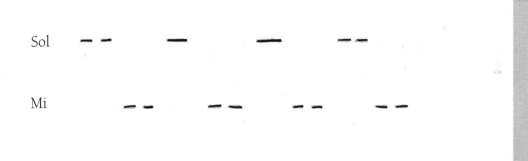

- Depois, os alunos transformam os traços em valores:

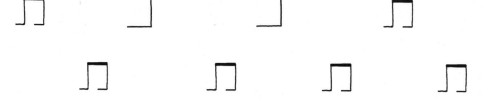

- Para completar a sequência, escrevem na pauta de duas linhas a canção com a letra seguindo a prosódia:

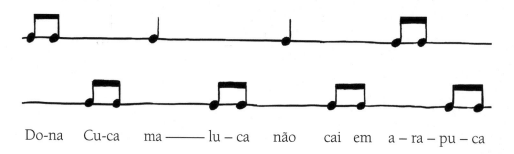

Do-na   Cu-ca   ma ——— lu – ca   não   cai   em   a – ra – pu – ca

Prática 3: A nota *Lá*

Quando os alunos estiverem seguros da localização das notas *Sol* e *Mi* nas linhas, o professor introduz, por meio de uma canção, a nota *Lá*, que é escrita no espaço.

O professor canta a melodia, cuja letra pede uma resposta a ser improvisada de forma cantada pelos alunos, cada um de uma vez. É importante que o professor fique atento para que a nota *Lá* seja usada nas respostas.

Exemplos de respostas:

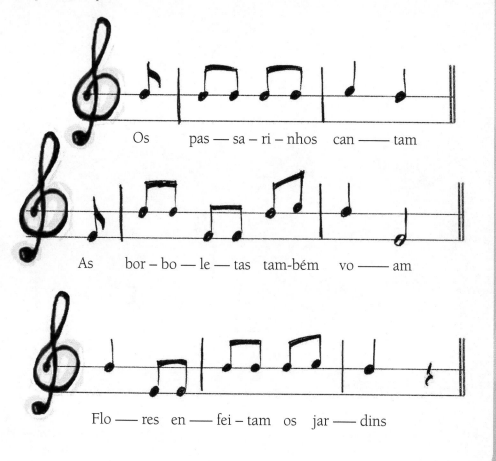

Após o trabalho de perguntas e respostas, os alunos têm condições de descobrir, pela audição, a presença de um som novo: o da nota *Lá*.

Em seguida, aprendem onde ela se localiza ao ser escrita na pauta, ou seja, acima da segunda linha. O processo trabalhado anteriormente é refeito, acrescentando-se a nota *Lá* às novas canções, ainda com o uso da pauta de duas linhas.

O objetivo dessa sequência na apresentação das notas musicais é propiciar o contato com o espaço, como componente da pauta, pois a criança tende a ver somente as linhas. Por outro lado, o Lá permite maior riqueza melódica na criação de novas canções.

Para promover a fixação da nova nota, são feitos exercícios de leitura e reconhecimento, conforme procedimentos já adotados anteriormente. Observamos que a realização de ditados com a inclusão do Lá apresenta maior dificuldade quando é formado o intervalo de 4ª justa (Lá-Mi ou Mi-Lá).

Prática 4: O Dó central

O Dó central é apresentado por meio da canção *Emília*. O professor canta a canção para que os alunos descubram a presença desse novo som, e depois todos aprendem a cantá-la.

Emília
(Composição dos autores)

Bo — ne — qui — nha   e — xi — bi — da
É — aE — mí — lia   co – lo – ri – da   E – mí – lia

O trabalho com essa nota segue os mesmos passos usados para o Sol e o Mi. Para concretizar a linha suplementar da nota *Dó central*, ao representá-la na pauta de duas linhas, no chão, a criança tem em suas mãos um bastão de madeira, colocado horizontalmente na altura da cintura.

Como treinamento da percepção auditiva, de leitura e escrita desse novo elemento, a turma realiza exercícios de reconhecimento das notas *Dó-Mi-Sol* usando a pauta de duas linhas, no chão, sobre a qual a criança caminha conforme o som ouvido.

Prática 5: A escala de Dó Maior na pauta

1ª etapa: A escala

Até esse momento, o trabalho de escrita e leitura de notas foi feito utilizando-se apenas duas linhas, referentes ao Sol e ao Mi. Ao mesmo tempo, os alunos já devem ter aprendido a cantar a sequência das notas de Dó a Dó. É necessário, então, apresentar agora a pauta e a localização das notas da escala de Dó Maior.

Assimiladas as notas Dó-Mi-Sol-Lá, no que diz respeito ao som e à escrita, o professor recorda a sequência das notas por meio da já conhecida melodia *O canto da baiana*. Demonstra, então, que a sequência das notas é imutável, dizendo, por exemplo, que sempre após o Mi vem o Fá ou antes do Lá vem o Sol.

Exercícios envolvendo notas vizinhas são úteis porque enfatizam a ordem ascendente e descendente das notas a partir de uma nota-referência. Partindo do Sol, por exemplo, o professor pergunta que nota vem antes e qual vem depois.

Atividades como estas servem de preparação para a escrita da escala na pauta.
Exemplos de localização de vizinhos da nota *Ré*:

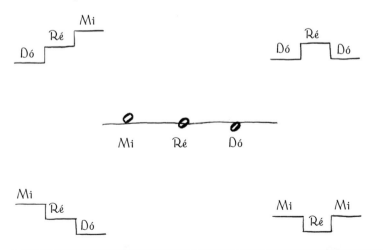

2ª etapa: A pauta

O professor apresenta, então, a pauta completa com explicações sobre sua constituição e a colocação das notas nas linhas e nos espaços.

O objetivo principal desse contato com a pauta é a compreensão da alternância linha/espaço. Nesta fase, treinam-se apenas as notas em sequência, tanto no sentido ascendente quanto no descendente.

Antes de iniciar a escrita, é de muita utilidade o uso de cartelas feitas em cartolina, medindo aproximadamente 80 cm de comprimento por 20 cm de largura, com o desenho de uma pauta com a clave de Sol no seu início. As cartelas devem ficar no chão e nelas são colocadas as notas, em forma de pequenos círculos, também em cartolina, de aproximadamente 4 cm de diâmetro. Aconselhamos que o Dó central já contenha a pequena linha que o diferencia. Cada criança pode trabalhar, individualmente, em sua cartela.

Devido ao aparecimento da clave de Sol nas cartelas, o professor explica a sua função sem que a criança precise escrevê-la, por enquanto.

3ª etapa: A escrita das notas na pauta

Nesta etapa, a criança aprende a escrever a sequência das notas da escala de Dó Maior, conforme segue:

- O professor distribui as cartelas com as notas em cartolina e o papel com algumas pautas desenhadas, cujas linhas não devem ser muito próximas, para facilitar a escrita.

- Os alunos colocam, na cartela, as notas da escala de Dó Maior em sequência.
  - Em seguida, copiam a escala na folha pautada, complementando, assim, com a escrita, o aprendizado da localização das notas na pauta.

É importante não abandonarmos o trabalho com cartelas após a prática da escrita. Devido à sua eficiência e por ser do agrado da criança, esse material pode ser usado em diversos exercícios melódicos, como ditados e criação de melodias.

Dada a dificuldade que a criança tem de relacionar o nome das notas com sua localização na pauta, não podemos esperar que essa assimilação se dê rapidamente. Ao contrário, esse processo é bastante longo, pois a pauta é um grande desafio na aprendizagem musical da criança. É preciso, então, insistirmos nesse assunto.

4ª etapa: Exercícios de reconhecimento, leitura e ditado

Os exercícios a seguir têm como objetivo o treinamento da leitura e escrita da sequência das notas na pauta, usando como base a escala de Dó Maior. É importante que, em cada etapa, o professor cante o nome das notas, sempre em sequência, para que sejam reconhecidas pelos alunos e relacionadas com a escrita na pauta.

- **Para reconhecimento** – O professor canta um dos esquemas numerados sem dizer o nome das notas. Os alunos o repetem fazendo movimentos de braço ascendentes ou descendentes, para auxiliar a identificação das notas.

    Exemplo:

- **Para leitura** – Entoando, o aluno lê sequências de notas criadas pelo professor, por ele mesmo ou por um colega, no quadro ou nas cartelas.
- **Para ditado com o nome das notas** – O professor canta sequências dizendo o nome das notas e os alunos montam os esquemas nas cartelas. Em seguida, é feita a correção, para que eles possam transcrevê-los para o papel pautado.
- **Ditado sem o nome das notas** – O mesmo processo é repetido, sem enunciar o nome das notas.

Por se tratar de percepção auditiva, sugerimos usar, neste momento, apenas as notas *Dó-Ré-Mi-Fá-Sol*, primeiramente em sequências ascendentes, depois descendentes e, por fim, em ambos os movimentos em um mesmo esquema, sempre em graus conjuntos.

A percepção de notas repetidas em um mesmo esquema é um desafio para a criança, razão pela qual aconselhamos realizar esse tipo de exercício quando as noções anteriores já tiverem sido muito trabalhadas.

Da mesma forma, para não sobrecarregar a criança com o acúmulo de elementos, usamos só a semibreve, sem preocupação com o ritmo.

Exemplo:

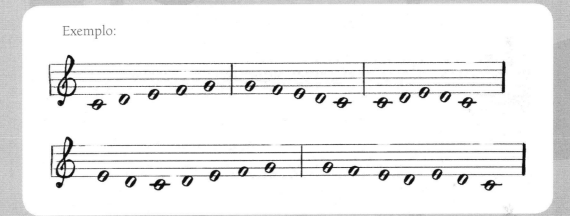

5ª etapa: Notas das linhas e notas dos espaços

Uma das maneiras de introduzirmos todas as notas da pauta é pela memorização das notas das linhas e das notas dos espaços em separado. Esse treinamento também prepara a criança para a realização posterior de arpejos e acordes.

Para facilitar, podemos usar a seguinte canção:

No reino da clave de Sol
(Composição das autoras)

Aprendida a canção, o professor desenvolve jogos com dois grupos de alunos, um representando as notas das linhas (Mi-Sol-Si-Re-Fá) e outro as dos espaços (Fá-Lá-Dó-Mi). Por exemplo: enquanto os colegas cantam, os alunos que representam as notas das linhas se colocam em fileira, deixando lugar vago entre uma e outra, para que aí possam se colocar os que representam as notas dos espaços. Ao final, o professor chama a atenção para a sequência de notas resultante.

O uso das cartelas em jogos para fixar a localização das notas, tanto das linhas quanto dos espaços, é bastante recomendável, devendo-se fazer a transcrição no papel pautado.

Prática 6: A clave de Sol

Uma vez familiarizada com a clave de Sol, a criança aprende a desenhá-la. Dada a complexidade dessa figura, ela tem, primeiramente, uma experiência tátil, seguindo com o dedo o traçado da clave de Sol escrita em uma cartela. Em seguida, cobre com lápis desenhos pontilhados da clave. Finalmente, copia diversas etapas do desenho, até fazê-lo por completo, como segue:

Prática 7: A clave de Fá

A clave de Fá, dependendo da maneira como é apresentada à criança, pode ser um problema de aprendizagem. Os princípios do método de ensino de piano de Heitor Alimonda[1], adaptados para a musicalização infantil, facilitam a assimilação da aprendizagem da clave de Fá.

Ele propõe usar o Dó central como ponto de partida e elo entre a pauta da clave de Sol e a pauta da clave de Fá. Assim, considerando que os alunos já memorizaram tanto a sequência ascendente quanto a descendente das notas, o professor coloca o Dó central entre duas pautas, para serem encontrados os vizinhos superior (Ré) e inferior (Si).

Exemplo:

Localizado o Si na pauta inferior, o professor coloca a clave de Fá da quarta linha, explicando sua função de abrigar as notas mais graves. Não convém mencionar a possibilidade de se utilizarem linhas suplementares, por enquanto. Também não é recomendável trabalhar com todas as notas na pauta com clave de Fá, mas acrescentar, gradativamente, as notas subsequentes ao Si, sempre por graus conjuntos, até chegar ao Fá da quarta linha. Essa nota será usada como referência e ponto de partida para a escrita da clave em questão.

[1] ALIMONDA, H. **O estudo do piano**: elementos fundamentais da música e da técnica do piano em dez cadernos. 1º caderno. São Paulo: Ricordi, 1967.

Recomendamos não chamar a atenção da criança para o fato de que, num mesmo lugar da pauta, a mesma nota tem nomes diferentes conforme a clave. Essa noção será abordada posteriormente, a menos que decorra de uma descoberta espontânea da criança.

Como o som das notas na clave de Fá é grave demais para a tessitura infantil, não é preciso exigir a entoação, mas apenas a percepção auditiva, sendo que o professor pode executar as notas em graus conjuntos ao piano para serem reconhecidas. Nos exercícios de leitura, a criança pode apenas falar o nome das notas, em vez de cantá-las.

Exemplo:

Para fixar o aprendizado das notas na clave de Fá, os alunos usam as cartelas de cartolina. Cada um recebe duas cartelas, uma com a clave de Sol e outra com a clave de Fá, de maneira a formar uma pauta dupla. O mesmo tipo de exercício usado para a clave de Sol é repetido, transcrevendo-se sempre para o papel pautado o que foi montado nas cartelas.

Ditado melódico

Princípios básicos

Por ser a atividade mais difícil do processo de alfabetização musical, o ditado melódico merece particular atenção. Na literatura especializada, são raras as menções sobre o assunto e praticamente não existe sistematização que apresente uma sequência dirigida à musicalização infantil.

As possibilidades de desenvolvimento auditivo do indivíduo se ampliam quando um treinamento nesse sentido se inicia já na infância.

É imprescindível a realização constante de ditados com melodia, obedecendo a uma sequência gradativa de dificuldades. Vencendo cada etapa com sucesso, a criança tende a reagir positivamente, evitando-se a frequente aversão a essa atividade.

O ditado melódico consiste na percepção de sons de altura definida e associação a nomes de notas, para a posterior representação escrita. Portanto, o professor deve entoar as notas sem dizer os seus nomes, mas usando, por exemplo, a sílaba *ta*.

Esse tipo de ditado exige da criança alto grau de concentração, abstração e domínio dos elementos da escrita musical para perceber e efetuar a relação som-símbolo.

É, sem dúvida, um processo lento, cujos resultados positivos nem sempre são facilmente obtidos. Consideramos o desenvolvimento da acuidade auditiva da criança pelo treino mais importante que a exata decodificação dos sons ouvidos.

Para iniciar o ditado de notas na pauta, portanto, a criança deve estar habituada ao processo mental de transformar em símbolos os estímulos sonoros ouvidos. Os exercícios anteriormente propostos, que estimulam a sensorialidade auditiva, formam a base fundamental deste trabalho.

O ditado é uma das últimas etapas de cada assunto abordado no decorrer da aprendizagem musical. No trabalho referente à altura, por exemplo, ao representar o "caminho do som" ouvido, a criança está realizando um ditado melódico.

Depois de percorrer longo trajeto de sensibilização ao som, sempre com inserção de ditados, a criança está preparada para iniciar a aprendizagem das notas na pauta com o subsequente ditado melódico.

Com base em estudos e pesquisas, e considerando as dificuldades e facilidades demonstradas por crianças no decorrer de muitos anos de experiência, sistematizamos uma sequência gradativa de ditado melódico.

O ditado rítmico-melódico não é recomendado, pois é difícil para a criança ouvir e representar graficamente elementos rítmicos e melódicos ao mesmo tempo. Por outro lado, devemos associar, sempre que possível, o aspecto rítmico ao ditado de melodia, conforme demonstrado nos exercícios indicados posteriormente.

1ª etapa: Preparação

As dificuldades apresentadas pelo ditado melódico exigem uma preparação prévia. O solfejo das notas da escala de Dó Maior, na sequência ou de forma salteada, é um excelente exercício.

- O professor escreve a escala de Dó Maior ascendente e descendente no quadro. Os alunos cantam a escala completa, enquanto o professor aponta nota por nota.
- Para o solfejo de notas salteadas, o professor pode apontar o Dó para ser entoado e esconder o Ré com a palma da mão, que deve ser "cantado interiormente". Prosseguindo-se no exercício, outras notas são apontadas ou escondidas para serem cantadas ou "pensadas", respectivamente. Esse procedimento assegura maior precisão na emissão de cada som.

2ª etapa: Ditado

- É importante para os alunos terem a certeza da nota inicial do ditado. Em vez de dizê-la, o professor canta a escala de Dó Maior e, em seguida, entoa a primeira nota do ditado para que eles a identifiquem. Confirmada essa nota, começa o ditado.
- O professor não deve ditar excessiva quantidade de notas, mas é aconselhável que cante de quatro a oito pulsações de semínima, ou o equivalente, desde que expresse uma ideia musical que faça sentido.
- Depois de cantado esse fragmento, repete, várias vezes, apenas a metade dele, de aproximadamente dois ou quatro pulsos. As notas dos pulsos restantes são ditadas precedidas da parte anterior para que seja estabelecida a relação entre a última nota do primeiro trecho e a inicial do segundo.
- A correção do ditado é feita no quadro, imediatamente após a conclusão de cada parte, com a participação dos alunos.

Prática 1: Sequência da aplicação

1ª etapa: Ditado de Sol e Mi

Até o momento da realização desse tipo de ditado, a criança trabalhou somente com a pauta de duas linhas, conforme explicações dadas anteriormente.

Considerando-se que se trata de ditado com apenas dois sons, a criança tem por tarefa discriminar o som mais grave do mais agudo. A princípio, não é necessário nomear esses sons, pois o importante é distinguir o que se convenciona chamar de *som de cima* (Sol) do chamado *som de baixo* (Mi).

2ª etapa: Ditado de Dó a Sol em graus conjuntos

Para realizar esta etapa de ditado, a criança já deve saber entoar e ler a escala de Dó Maior na pauta de cinco linhas.

É mais fácil iniciar usando-se as notas de Dó a Sol em sequências ascendentes, depois descendentes e, por último, em sequências com notas repetidas. Nesta etapa, o objetivo principal é a percepção da altura das notas e sua escrita correta na pauta. O elemento rítmico ainda não é enfocado.

Exemplos:

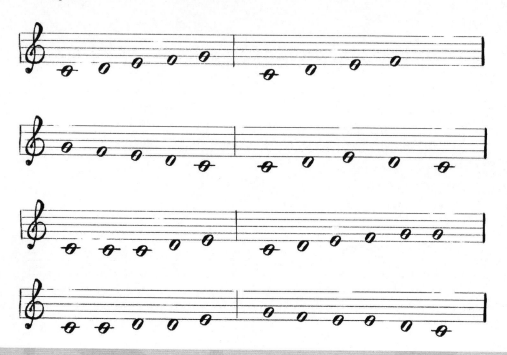

3ª etapa: Ditado de Dó-Sol-Dó

O trabalho com as notas extremas da escala de Dó Maior, acrescido de um único som intermediário (Dó-Sol-Dó), pode ser vinculado ao ritmo, dada sua simplicidade.

Para esse tipo de ditado, adotamos as ideias de Arenosa (1976):

- O professor entrega para cada aluno uma folha com um ritmo escrito acima de uma pauta em branco.
- Em seguida, canta uma melodia com as notas *Dó-Sol-Dó,* usando este mesmo ritmo.
- Na sequência, os alunos escrevem as notas ouvidas na pauta em branco e colocam nelas o ritmo dado.
- Para finalizar, todos cantam a melodia completa.

Exemplos:

- **Esquema rítmico dado ao aluno**

- **Esquema melódico para ditar**

- **Ditado completo feito pelo aluno**

Observe que, no esquema rítmico dado ao aluno, as barras divisórias abrangem desde a parte rítmica até a linha inferior da pauta, ininterruptamente, para facilitar a organização e a correspondência dos valores.

4ª etapa: Ditado de Dó-Mi-Sol-Dó

Para introduzir a nota *Mi*, e assim completar o acorde de Dó Maior, iniciamos com a percepção auditiva desse acorde no estado fundamental, na forma arpejada. Ao mesmo tempo, incluimos a noção de intervalos de 3ª maior, 5ª justa e 8ª justa, em relação à tônica. Primeiramente, é feita a percepção dos sons e dos intervalos, sem o nome das notas, e somente depois é feito o ditado nominando cada nota.

- **Percepção de intervalos: aula das buzinas**

   Para estimular e facilitar a percepção dos intervalos, o pofessor pode relacionar o som de cada nota do acorde ao som da buzina de um veículo. Os alunos escolhem o veículo cuja buzina lhes parece mais adequada a cada nota, em função da altura do som. Assim, o Dó central pode equivaler à buzina de caminhão, o Mi central à de camionete grande, o Sol central à de carro pequeno e o Dó à buzina de motocicleta.

   A partir daí, o professor aplica exercícios de percepção auditiva sem o uso da escrita, enfocando apenas os intervalos mencionados e não as notas que os compõem. Sugerimos iniciar a transposição utilizando diferentes tônicas, sempre na região média do piano.

Esses intervalos são emitidos em diversos timbres, cantados, tocados ao piano, flauta doce ou em outro instrumento qualquer.

Podemos, também, trabalhar os intervalos utilizando numerais correspondentes aos graus da escala. Assim, a tônica é o número 1; o 3º grau da escala, o número 3; o 5º grau, o número 5 e a 8ª da tônica, também o número 1, usando-se sempre escalas maiores. Dessa maneira, os alunos começam a familiarizar-se também com a leitura de cifras, que, embora não seja abordada pela sistemática aqui apresentada, é muito utilizada na música popular.

A turma pode, então, fazer exercícios de percepção, leitura, escrita e ditado. Aconselhamos que, ao escrever, o professor não coloque os algarismos linearmente, mas em alturas que correspondam à posição das notas da escala na pauta, conforme os exemplos a seguir:

Exemplos:

Nos exercícios de leitura, os alunos dizem os números, entoando os sons correspondentes em relação à tônica adotada. Nos ditados, o professor canta ou toca os sons das buzinas e os alunos escrevem os números em vez das notas.

Antes de iniciar qualquer exercício, o professor executa o arpejo completo da escala a ser usada como ponto de referência.

- **Ditado**

Depois dessa preparação, e prosseguindo com a sequência gradativa de dificuldades, são feitos ditados melódicos incluindo-se o Mi. Como já foi explicado no "Ditado de Dó-Sol-Dó", o professor fornece o esquema rítmico a ser adequado às notas. Os alunos já devem saber de antemão que se trata de Dó-Mi-Sol-Dó.

Ao fazer o ditado, o professor refere-se, por um lado, ao som das buzinas associado à altura das notas como estímulo à memória musical e, por outro, ao trabalho feito com os números relativos aos graus, enfatizando as relações intervalares.

Exemplo:

- **Resultado final do ditado feito pelos alunos**

5ª etapa: Ditado de Dó-Mi-Sol-Dó e de graus conjuntos de Dó a Sol

Uma vez tendo exercitado a percepção e a escrita dos elementos já trabalhados isoladamente (graus conjuntos e intervalos), é hora de juntá-los. Evidentemente, as dificuldades aumentam, pois a criança, de modo geral, confunde as sequências *Dó-Ré-Mi* com *Dó-Mi-Sol*. Por isso, precisamos insistir em exercícios que apresentem os dois tipos de sequência.

Exemplo:

6ª etapa: Ditado com todas as notas da escala de Dó Maior

Para completar a escala do Dó Maior, incluímos o Lá e o Si e seguimos o mesmo procedimento descrito anteriormente. Devemos evitar o ditado de intervalos com 7as, 6as e 4as, cuja percepção não foi treinada. Notas alteradas, com bemol e sustenido, não fazem parte dessa sequência, podendo ser trabalhada apenas a sua percepção, e não a escrita.

Prática 2: Alternativas de ditado melódico

Para diversificarmos a aplicação do ditado melódico, usamos diferentes formas de exercício, de acordo com determinadas finalidades.

Ditado de berlinda

Esse tipo de ditado não faz parte da sequência, pois deve ser aplicado em todas as etapas da musicalização. Esse exercício estimula o desenvolvimento da memória musical, levando a criança a reter o som absoluto das notas. Por isso, é necessário usarmos a nota *Lá* do diapasão como ponto de referência.

Nesse ditado, os alunos não escrevem todas as notas ouvidas, mas devem apenas reconhecer quando uma nota, previamente escolhida, aparece dentro de uma sequência cantada pelo professor.

A atividade desenvolve-se da seguinte maneira:

- O professor escolhe uma nota para ser colocada em evidência, isto é, na "berlinda".
- Essa nota é fixada na memória para ser identificada sempre que for ouvida: o professor canta, os alunos repetem, em seguida eles tentam "ouvir" a nota internamente e voltam a cantá-la.

- O professor canta uma melodia cujo esquema rítmico escrito foi anteriormente distribuído.
- Ao ouvi-la, os alunos não escrevem as notas, mas apenas assinalam, com um círculo, os valores rítmicos do esquema que correspondem ao som da nota previamente escolhida.

Exemplos:

- **Nota da berlinda previamente escolhida**

- **Esquema rítmico dado aos alunos**

- **Esquema melódico cantado pelo professor**

- **Esquema rítmico assinalado pelos alunos**

Arenosa (1976, p. 20) sugere que trabalhemos com uma ou duas notas em destaque sobre um esquema rítmico dado. Nesse caso, ou seja, quando forem colocadas duas notas na berlinda, convém, num primeiro momento, dividir os alunos em dois grupos, cabendo a cada um deles identificar determinado som. Cada grupo escreve na pauta a nota da berlinda que lhe cabe descobrir, e o professor prossegue com o ditado conforme descrito anteriormente.

Para completar essa atividade, as demais notas ouvidas podem também ser escritas no quadro, em conjunto, e posteriormente copiadas no caderno.

Exemplos:

- **Notas da berlinda**

- **Esquema rítmico dado aos alunos**

- Melodia cantada pelo professor

- Esquema rítmico assinalado e melodia escrita por alunos do Grupo 2 – nota *Mi*

- Esquema rítmico assinalado e melodia escrita por alunos do Grupo 1 – nota *Dó*

Ditado com consulta

Essa modalidade deve ser precedida de jogos de eco: o professor canta ou toca um esquema melódico e o aluno o repete, de ouvido, em um instrumento melódico (xilofone, flauta doce, piano).

O procedimento do ditado é o mesmo:

- O professor canta o esquema.
- O aluno consulta o instrumento e certifica-se dos sons.
  - O aluno escreve as notas correspondentes no caderno pautado.

Esse ditado estimula a criança a reproduzir no instrumento uma melodia ouvida e permite a autocorreção imediata.

Atividades melódicas complementares

No decorrer do processo de musicalização, tanto na parte de sensibilização como na de alfabetização, várias atividades melódicas são utilizadas para facilitar e fixar a aprendizagem. Além dos jogos de timbre, da "máquina de som" e da pauta de duas linhas no chão, por exemplo, há outras que também visam ao desenvolvimento musical da criança.

Prática 1: Ecos melódicos

Os ecos melódicos são feitos com a voz ou os instrumentos melódicos e devemos observar a mesma dinâmica de procedimentos usada nos **jogos de ecos rítmicos**, detalhadamente apresentada nos itens "Eco em grupo", "Eco individual" e "Criação de ecos" (p. 93-94).

Os ecos melódicos, como os rítmicos, fazem parte das diversas etapas do processo de musicalização, sendo que, algumas vezes, de maneira bastante livre, usamos quaisquer notas e, em outras, delimitamos o uso das notas que queremos fixar.

Os esquemas melódicos propostos para repetição em eco são ritmados, evitando-se a dissociação entre ritmo e melodia, e compatíveis no tamanho com a capacidade de memorização da criança. Considerando que a afinação é um dos objetivos principais desse jogo, quando utilizamos a voz, é importante respeitarmos a tessitura infantil. Muitas vezes, a criança não consegue repetir corretamente porque o esquema cantado pelo professor é grave ou agudo demais para sua possibilidade vocal, que, nessa faixa etária, corresponde a aproximadamente uma oitava, a partir do Dó central.

Prática 2: Perguntas e respostas

O jogo de perguntas e respostas com melodia tem por objetivo a improvisação e assemelha-se ao de perguntas e respostas rítmicas quanto à sua aplicação. É realizado com instrumentos melódicos ou por meio da voz cantada.

Consideramos uma resposta adequada quando ela possui, além de um tamanho proporcional à pergunta, similaridade quanto ao desenho melódico, como se fosse a variação de um tema.

Exemplo:

Pergunta

Resposta

Quando possível, o professor deve fazer comentários sobre o resultado do trabalho, propondo a repetição do jogo, na busca de um desempenho mais adequado, quando necessário.

Prática 3: Rondó melódico

O rondó melódico só é realizado depois que a criança praticou os ecos e as perguntas e repostas com melodia. Além disso, ela já deve conhecer a forma *rondó*, seja pela audição de exemplos de músicas do repertório, seja pela prática de rondós rítmicos descrita na seção "Atividades rítmicas complementares", no Capítulo 2 (p. 92).

Esse exercício de rondó é feito instrumental ou vocalmente. A prática de rondós instrumentais, se for feita com xilofones, por um lado, torna-se mais simples, porque possibilita reduzir o número de placas, produzindo resultados que alcançam o sentido musical almejado. Por outro, nem sempre dispomos de instrumentos suficientes para todos os alunos, o que dificulta a concretização da proposta.

O rondó vocal, por sua vez, é sempre possível, pois requer apenas o uso da voz. No entanto, sua execução prevê certo grau de desinibição e amadurecimento musical em improvisações melódicas.

Para que o aluno tenha condições de avaliar se as improvisações foram adequadas em relação ao tema proposto (quantidade de pulsações, afinidade melódica, sentido musical completo – frase), recomendamos ao professor gravar a atividade para comentá-la. Mesmo que não disponha de gravador, as críticas e as sugestões devem ser feitas, para atingir os objetivos estabelecidos.

O tema a ser utilizado para o rondó melódico deve ser curto, de aproximadamente oito pulsações, e tanto pode ser fornecido pelo professor quanto criado pelos próprios alunos.

Seja instrumental, seja vocal, os alunos devem ser dispostos em círculo. Primeiramente, é escolhido o tema A, e fica determinado quais serão os três alunos que farão as partes B, C e D do rondó.

O procedimento é o seguinte:

- Uma vez escolhido o tema melódico, parte A, todos o cantam ou tocam várias vezes para memorizá-lo.
- Iniciamos a execução com todos cantando ou tocando o tema A.
- Ao final da execução de A, o aluno escolhido improvisa a parte B, cuidando para que a pulsação seja mantida.
- Terminada sua improvisação, todos repetem a melodia de A.
  - Em seguida, vem nova improvisação, e assim por diante.

Concluída a atividade e feitos os comentários, outros três alunos improvisam utilizando o tema já aprendido, ou um novo tema A, e assim sucessivamente, até que todos tenham oportunidade de fazer improvisações.

Essa atividade é eminentemente prática, dispensando a escrita tanto do tema quanto das improvisações. Assim como os jogos rítmicos, os melódicos também devem ser feitos conforme a sequência apresentada, organizada em nível crescente de dificuldade. Além disso, sua prática deve suceder a prática rítmica. Antes da realização de ecos melódicos, por exemplo, a criança deve ter vivenciado ecos rítmicos.

Efeitos de dinâmica podem ser acrescentados às referidas atividades como enriquecimento, favorecendo a familiarização com a execução musical expressiva.

Prática 4: Melodia com acompanhamento em *ostinato*

Os acompanhamentos são uma maneira interessante de enriquecer uma melodia vocal ou instrumental. No processo de musicalização, utilizamos com frequência o tipo *ostinato* pelo efeito que produz e pelas facilidades de assimilação, realização ou criação que ele oferece.

Ostinato é um esquema rítmico ou melódico, em geral curto, que se repete constantemente e sem variação durante toda a execução. Pode ser feito vocalmente, como preparo à polifonia do cânone, com instrumentos melódicos e de percussão ou ainda com batidas de palmas, pés etc.

Vejamos a seguir, alguns exemplos de *ostinatos* rítmicos e melódicos, que podem ser aplicados em canções já expostas em outros capítulos.

Exemplos:

- **Sugestão de *ostinato* rítmico para a canção *Saci-pererê* (p. 114)**
    Ostinato feito com palmas:

Melodia acompanhada pelo *ostinato*

Observação: O *ostinato* pode ser feito com palmas, com a batida das palmas das mãos nas coxas direita e esquerda alternadamente ou com instrumentos de percussão.

- **Sugestão de *ostinato* melódico para a canção *Sopra o vento*** (p. 62)

Ostinato

Melodia acompanhada por *ostinato*

- **Sugestão de** *ostinatos* **melódicos para a canção** *Jabuti* (p. 77)

Xilofone soprano – *ostinato* melódico 1

Xilofone contralto – *ostinato* melódico 2

Prática 5: Cânone

O cânone é uma forma musical em que o mesmo tema, iniciado por uma voz, é repetido por outra(s) voz(es), a distâncias de compassos previamente determinadas, resultando numa polifonia. Um dos exemplos mais conhecidos de cânone é a canção francesa *Frère Jacques*.

[2] Entrada da 2ª voz.

Em virtude de exigir certo grau de independência vocal, o cânone só é praticado depois que a criança está habituada ao canto em conjunto a uma voz e ao canto com acompanhamento do tipo *ostinato*.

A princípio, o cânone é feito a duas vozes apenas, com melodias curtas e simples. Aos poucos, progride-se a cânones de três ou mais vozes.

O cânone, ao contrário do que se pensa, não é de fácil realização e, devido principalmente ao resultado sonoro proporcionado pelo deslocamento da melodia, não é possível transformar toda e qualquer canção em cânone.

O cânone a duas vozes pode ser feito da seguinte maneira:

- A melodia é cantada várias vezes em uníssono, para que seja aprendida.
- Os alunos são divididos em dois grupos.
- O professor inicia a regência do canto dando o sinal de entrada para o primeiro grupo, enquanto o outro permanece em silêncio.
- No momento combinado, o professor dá o sinal de entrada para o segundo grupo, e o primeiro continua a canção.
- Os grupos continuam a cantar a canção inteira, cada qual no seu momento, provocando o deslocamento da melodia, o que dá a sensação auditiva da polifonia.
  - Para finalizar o cânone, é possível proceder de duas maneiras: ou a(s) primeira(s) voz(es) repete(m) continuamente a frase final até que o último grupo conclua a melodia, ou todos, a um sinal do professor, cessam o canto não importando o trecho em que se encontrem.

A participação do professor deve se limitar à regência, com gestos seguros e claros nas entradas dos diversos grupos. Ele não deve cantar, pois, seguindo apenas um grupo, pode desorientar o(s) outro(s). Sua intervenção somente é necessária quando determinado grupo mostrar insegurança.

Desde que haja condições, os cânones podem ser executados com instrumentos, seguindo-se as mesmas orientações anteriormente descritas.

Prática 6: Brincadeira do rádio

Como uma alternativa para desenvolver a audição interior, fazemos a brincadeira do rádio, conforme descrição a seguir.

- Todos juntos começam a cantar uma melodia conhecida.
- A um sinal dado pelo professor, interrompem o canto como se fosse um rádio que tivesse sido desligado. Continuam, porém, "pensando" a melodia na sua sequência.
  - A um novo sinal, prosseguem o canto como se o rádio tivesse sido ligado novamente.

As interrupções, a princípio, ocorrem somente nos finais de frase, mas, depois de desenvolvida essa habilidade, podem acontecer no meio de uma frase melódica. É possível, também, desenvolver esse jogo de maneira individual, ou seja, o professor aponta para um só aluno, que deverá retomar a canção, como se ela fosse o rádio sendo religado.

palavras finais

Caro professor,

"Ensinar é um exercício de imortalidade. De alguma forma continuamos a viver naqueles cujos olhos aprenderam a ver o mundo pela magia da nossa palavra. O professor, assim, não morre jamais."

Rubem Alves

Ao nos reencontrarmos para rever este livro e prepará-lo para esta edição, tivemos a oportunidade de refletir um pouco sobre o nosso trabalho. Pensamos na imensa responsabilidade assumida por nós, professores de música, quando nos dispomos a participar do crescimento de nossos alunos. Percebemos que podemos deixar nessas crianças parte de nós mesmos e, como bem afirma Rubem Alves, ter garantida nossa continuidade por meio delas.

Acreditamos que a musicalização é um processo dinâmico que, entre tantos outros benefícios, pode abrir os ouvidos da criança para um mundo novo e infinito de sons e de músicas e despertar incontáveis percepções e sensações.

Nossa intenção é oferecer elementos suficientes para que você consiga desenvolver um ensino de música interessante e com qualidade e que possa adaptar esta proposta ao seu contexto.

É necessário que você, professor, na convivência com seus alunos, cultive a capacidade de, a um só tempo, ensinar e aprender.

Esperamos também que este livro desperte a vontade de buscar novas alternativas para ensinar música. Que ele seja apenas o começo e que você continue sempre, e cada vez mais, musicalizando crianças.

referências

ABBADIE, M.; GIGLIE, A. **El niño en el universo del sonido**. Buenos Aires: Kapelusz, 1976.

ARENOSA, E. **Dictado musical**. Madrid: Real Musical, 1976.

BENTLEY, A. **La aptitud musical de los niños y como determinarla**. Buenos Aires: Vitor Leru, 1967.

BEYER, E. (Org.). **Ideias em educação musical**. Porto Alegre: Mediação, 1999.

BRITO, T. A. D. **Koellreutter educador**: o humano como objetivo da educação musical. São Paulo: Peirópolis, 2001.

CELESTE, B. et al. **L'enfant, du sonore au musical**. Paris: INA/GRM, Buchet Chastel, 1982.

CENTRE NATIONAL D'ACTION MUSICALE. **Musique à prendre**: tout sur les pédagogies musicales. Paris: Cenam, 1984.

COMPAGNON, G.; THOMET, M. **Educación del sentido rítmico**. Buenos Aires: Kapelusz, 1975.

DELALANDE, F. **La musique est un jeu d'enfant**. Paris: INA/GRM, Buchet Chastel, 1984.

GAINZA, V. **Fundamentos, materiales y técnicas de la educaión musical**. Buenos Aires: Ricordi, 1977.

_____. **La iniciación musical del niño**. Buenos Aires: Ricordi, 1964.

_____. **Nuevas perspectivas de la educación musical**. Buenos Aires: Guadalupe, 1990.

GARMENDIA, E. **Educación audioperceptiva**: bases intuitivas em el proceso de formación musical. Buenos Aires: Ricordi, 1981.

GRAETZER, G.; YEPES, A. **Introducción a la práctica del Orff**: Schulwerk. Buenos Aires: Barry, 1961.

GRIFFITHS, P. **A música moderna**. São Paulo, 1987.

MACHLIS, J. **Introducción a la música contemporánea**. Buenos Aires: Marymar, 1975.

MARTENOT, M. **Método Martenot**: solfeo, formación y desarrollo musical. Guía didáctica del maestro. Buenos Aires: Ricordi, 1979.

_____. **Príncipes fondamentaux de formation musicale et leur application**. Paris: Magnard, 1970.

ORFF-SCHULWERK. **Die Instrumente**. Gräfelfing: Studio 49, 1976.

_____. **Música para ninõs**: el instrumental auténtico. Munique: Studio 49, 1970.

_____. **Música para niños**. Adaptação castelhana para América Latina por Guilhermo Graetzer. 5. ed. Buenos Aires: Barry, 1972.

PAZ, H. **Pedagogia musical brasileira**. Brasília: MusiMed, 2000.

PENNA, M. **Reavaliações e buscas em musicalização**. São Paulo: Loyola, 1990.

PORCHER, L. et al. **La educación estética**: lujo o necesidad. Buenos Aires: Kapelusz, 1975.

PROKOFIEV, S. **Roberto Carlos narra "Pedro e o Lobo"**, Op. 67. New York Philharmonic. Nova York: CBS, 1970. 1 disco.

SCHAFER, M. **A afinação do mundo**. São Paulo: Unesp, 2001.

_____. **El rinoceronte en el aula**. Buenos Aires: Ricordi, 1984.

_____. **O ouvido pensante**. São Paulo: Unesp, 1991.

SESCSP – Serviço Social do Comércio de São Paulo. **Canto, canção, cantoria**: como montar um coral infantil. São Paulo: Sesc, 1997.

SOUZA, J. (Org.). **Livros de música para a escola**: uma bibliografia comentada. Porto Alegre: PPGMúsica UFRGS, 1997.

SWANWICK, K. **Ensinando música musicalmente**. São Paulo: Moderna, 2003.

WILLEMS, E. **El ritmo musical**. Buenos Aires: Eudeba, 1964.

_____. **El valor humano de la educación musical**. Barcelona: Paidós, 1981.

_____. **La preparación musical de los mas pequeños**. Buenos Aires: Eudeba, 1962.

WILLEMS, E. **Las bases psicológicas de la educación musical**. 4. ed. Buenos Aires: Universitaria, 1979.

ZAGONEL, B. **Arte na educação escolar**. Curitiba: Ibpex, 2009.

_____. **Brincando com música na sala de aula**. Curitiba: Ibpex, 2010.

_____. **O que é gesto musical**. São Paulo: Brasiliense, 1992.

_____. **Pausa para ouvir música**: um jeito fácil e agradável de ouvir música clássica. Curitiba: Instituto Memória, 2008.

nota sobre as autoras

Bernadete Zagonel é doutora em Música pela Université Paris-Sorbonne (Paris IV) e mestre em Educação pela Universidade Federal do Paraná (UFPR). É também diplomada em Estudos Avançados em Música e Musicologia do Século XX pela École des Hautes Études/Institut de Recherche et Coordination Acoustique/Musique (Ircam), em Estudos Avançados em Musicologia pela Université Paris-Sorbonne (Paris IV) e em Licenciatura em Música pela Escola de Música e Belas Artes do Paraná (Embap), na qual também cursou Piano.

Durante sua estada em Paris, dedicou-se à composição de música eletroacústica e frequentou estágios no Atelier des Enfants do Centre Pompidou, no Groupe de Recherches Musicales (GRM), no Ircam, na Associação Orff Brasil e no Instituto Martenot.

Na UFPR, criou e implantou os cursos de graduação em Música (Produção Sonora e Educação Musical); foi chefe do Departamento de Artes; coordenadora do curso de Educação Artística; presidente do Conselho de Curadores;

membro do Conselho de Ensino, Pesquisa e Extensão (Cepe); professora titular de Educação Musical.

Foi também professora titular da Embap, atuando tanto no curso preparatório, para crianças, como na Licenciatura e Bacharelado em Música.

Foi membro da diretoria da Associação Nacional de Pesquisa e Pós-graduação em Música (Anppom) e do Conselho Editorial da Associação Brasileira de Educação Musical. Presidiu o IX Encontro Nacional da Associação Brasileira de Educação Musical (Abem) e o V Encontro Internacional de Computação e Música, na Pontifícia Universidade Católica (PUCPR). Foi pesquisadora do CNPq e professora visitante na Universidade Federal da Bahia, na qual atuou no Programa de Pós-Graduação em Música (mestrado e doutorado).

Atualmente é coordenadora e professora do curso de pós-graduação a distância em Metodologia do Ensino de Artes da Faculdade Internacional de Curitiba (Facinter) e professora dos cursos de pós-graduação em Artes e Música do Instituto Brasileiro de Pós-Graduação e Extensão (Ibpex).

Tem diversos artigos publicados em revistas científicas e os seguintes livros sobre música e educação musical: *Introdução à estética e à composição musical de Koellreutter*; *O que é o gesto musical*; *Arte na educação escolar*; *Pausa para ouvir música*; *Avaliação da aprendizagem em artes*; *Brincando com música na sala de aula*.

Ieda Camargo de Moura é mestre em Educação pela Universidade Federal do Paraná (UFPR) e graduada nos cursos de Bacharelado em Música (Piano) e Licenciatura em Música pela Escola de Música e Belas Artes do Paraná (Embap). Foi professora titular da Embap, onde atuou também como coordenadora do curso de Musicalização Infantil, professora dos cursos de pós-graduação em

Música da Embap e professora de Música da rede estadual de ensino do Paraná. Também ministrou cursos de extensão universitária na UFPR e nas XIV e XVI Oficinas de Música de Curitiba.

Maria Teresa Trevisan Boscardin é graduada em Licenciatura em Música pela Escola de Música e Belas Artes do Paraná (Embap), onde cursou também Piano. Durante dois semestres, teve aulas de Pedagogia Musical na School of Fine Arts da Miami University, Ohio, nos Estados Unidos, e frequentou o curso de Pedagogia Musical em Buenos Aires, com aulas de Didática e Flauta Doce. Aperfeiçoou-se na instrumentação utilizando o método Orff Schulwerk em cursos com Heidi Weidlich e Helder Parente, no Rio de Janeiro. Fez parte do Grupo de Música Antiga, em cujas apresentações tocava flauta doce e instrumentos de percussão. Foi professora de Iniciação Musical do Curso Preparatório da Embap.

Impressão: BSSCARD
Agosto/2013